Training Note トレーニングノートβ 現代文

はじめに

本書は、「トレーニングノートα」の上級編として、大学入試を念頭に置いて、現代文読解の実戦力養成を目的とした問題集である。

文章の選定にあたっては、主題が端的に提示され内容を掴みやすい文章ということを重視した。また、最近の入試問題を研究し、良問中心により考える力をつけられる設問を収めた。最近話題となっている種々の問題を積極的に取り上げ、高校生諸君の興味に応えられるものとした。

単元の配列は設問の難易度順とし、学習の積み上げにより、徐々に力がつくよう配慮した。

現代文の実戦力は、良問を数多く解き、解答例を参照して、自らの思考のプロセスの正否をきちんと確認し修正することによって培われる。本書を学習することにより、読解力が深まると確信する。

本書の特色

(1) 素材として選んだ文章は、実際の入試出題のものを中心とし、大学入試の実戦力養成ができるよう配慮した。

(2) 各問題は二ページ構成で、文章は一〇〇〇字程度のものとした。また、解答はすべて書き込み式にし、別冊の「解答と解説」の参照ページを示して、自己採点しやすくした。

(3) 時間配分は二五分を目安として、解答できるように配慮した。

(4) 「漢字」の問題と「語句」の注は、本文の下段にまとめた。

(5) 各設問ごとに配点を示し、「漢字」を含め、全体で五〇点満点としてある。

(6) 各章の終わりには、それまでの力を試す「章末問題」を設けた。四ページ構成とし、より実際の入試問題に近い問題形式となっている。時間は三五分。

目次

第1章 読解力養成

第2章 思考力養成

第3章 表現力養成

1　評論　「個性」を煽（あお）られる子どもたち ―― 土井隆義

時間 25分　得点　〔　月　日〕

解答▸別冊1ページ

最近の子どもたちは、自らの生理的な感覚や内発的な衝動を重視するため、①自己肯定感に持続的な安定性を見出すことが困難になっています。社会的な根拠によって支えられた肯定感ではないので、あいまいな気分や雰囲気によって容易にユれ動いてしまうのです。したがって、彼らは、この不確かな自己肯定感を支えるために、②身近な他者からの強力なサポートを必要とするようになっています。親密圏内の他者から自己承認を絶えず与えてもらうことによってしか、自己肯定感の安定性を保つことができなくなっているのです。

「自分らしさ」の確信を得ることができるのは、たとえ錯覚かもしれないにしても、身近な他者からの自己承認によってのみです。自らの主観的な思い込みを正当化する道は、もはやそこにしか残されていません。他者からの承認という具体的な保証にタヨることによってしか、アヤうい自己肯定感に客観的な色彩を添える術（すべ）はありません。③それは、まったく皮肉なことですが、社会化に対してリアリティを失い、まなざしを内閉化させていった結果なのです。社会的な根拠を見失ってしまったことの必然の帰結なのです。

社会化に対するリアリティの喪失とそれにともなうまなざしの内閉化は、従来の人間関係から安定性をも奪い去っています。各自の関心が差異化*し、それぞれ別の方角を眺めるようになっているからです。［　　］、イゼンとして彼らが一人になれないのは、むしろ強迫的に群れつづけなければならないのは、自己意識の感覚化とそれにともなう断片化によって、自律的な指針を内面に持ち合わせなくなったために、代わって具体的な他者からの絶えざる承認を求めざるをえなくなっているからです。だから、彼らにとって、友だち関係は異様に④重いものと感じられるようになっているのです。関係の安定性を担保してくれるものはもはや消失しているのに、無理をしてでもお互いに関係を保ちつづけなければならないからです。

現在の子どもたちが感じる⑤「自分らしさ」の根拠は、生理的な感覚や内発的な衝動にあるのですから、たしかに内在的なものとはいえるでしょう。しかし、たとえ内在的な指針ではあっても、それはきわめてあいまいで主観的なものにすぎません。だから、その正当性の確証を得るために、かえって身近な人間の反応に敏感にならざるをえないのです。社会的な根拠という、いわば「一般化された他者」による承認を感じとることがで

漢字（各2点）

a　ユれ　〔　　　〕

b　タヨる　〔　　　〕

c　アヤうい　〔　　　〕

d　イゼン　〔　　　〕

e　担保　〔　　　〕

語句

差異化…他と比較して違う様子。

きないので、具体的な他者からの承認によって、自己を支えてもらわなければならないのです。

□ (1) 傍線部①のために必要になるのは何か。文中から二十五字で抜き出し、最初と最後の五字を答えなさい。(8点)

□ (2) 傍線部②の具体例を文章中から三字で抜き出しなさい。(6点)

□ (3) 傍線部③は、どのような点が皮肉なのか。「内閉的に自分探しをしている限り、〜」に続くように、三十字以内で答えなさい。(8点)

□ (4) 空欄に入る言葉を次から選び、記号で答えなさい。(5点)

ア それにもかかわらず　**イ** おそらく
ウ したがって　**エ** では

□ (5) 傍線部④の、ここでの意味として適切なものを次から選び、記号で答えなさい。(5点)

ア 邪魔である　**イ** 大切である
ウ 負担が大きい　**エ** 機敏さにかける

□ (6) 傍線部⑤は、どんなものにすぎないと筆者は述べているか。文中から十五字で抜き出しなさい。(8点)

解答欄

(1) 　　　　　〜　　　　　

(2)

(3) 内閉的に自分探しをしている限り、

(4)

(5)

(6)

2 評論 自家製文章読本 ―― 井上ひさし

（　月　日）

時間 25分　得点

解答▼別冊1ページ

ヒトが言語をカクトク[a]した瞬間にはじまり、過去から現在を経て未来へ繋(つなが)って行く途方もなく長い連鎖こそ伝統であり、わたしたちはそのうちのイッカン[b]である。ひとつひとつの言葉の由緒をたずねて吟味し、名文をよく読み、それらの言語の絶妙な組合せ法や美しい音の響き具合を会得し、その上でなんとかましな文章を綴(つづ)ろうと努力するとき、わたしたちは奇蹟(きせき)をおこすことができるかもしれない。その奇蹟こそは新たな名文である。(一)新たな名文は古典のなかに迎えられ、次代へと引きつがれてゆくだろう。すなわち、いま、よい文章を綴る作業は、過去と未来をしっかりと結び合わせる仕事にほかならない。もっといえば文章を綴ることで、わたしたちは[A]、と。

たしかにヒトは言葉を書きつけることで、この宇宙での最大の王時間と対抗[c]してきた。芭蕉は五十年で時間に殺されたが、しかしたとえば、周囲がやかましいほど静けさはいやますという一瞬の心象[d]を十七音にまとめ、それを書きとめることで、時間に一矢むくいた。閑(しずか)さや岩にしみ入る蟬の声はまだ生きている。時間は今のところ芭蕉を抹殺できないでいるのだ。芭蕉はほんの一例であって、文学史は、というよりこれまでにヒトが書き記したものすべて、すなわちヒトの記憶一切はみな(二)同じ構造をもっていると思われる。書庫から(三)鷗外漱石露伴を取り出し彼等の文章にふれるとき、わたしたちはこの三大家が文章に姿をかえてちゃんと生きていることを確認する。その瞬間に時間は折り畳まれ、ヒトの膝下にひざまづくのである。せいぜい生きても七、八十年の、ちっぽけな生物ヒトが永遠でありたいと祈願[e]して創り出したものが、言語であり、その言語を整理して書きのこした文章であった。わたしたちの読書行為の底には「過去とつながりたい」という願いがある。そして文章を綴ろうとするときには「未来へつながりたい」という想いがあるのである。

[B]、奇怪なことが起こりはじめているのもたしかである。かなわぬまでも時間と対抗しようという、[C]人間らしい気組み*が世の中から急速に失われて行きつつあるらしい。時間とたたかう前に、やすやすと屈服して、暴君時間のなすがままにまかせているようなところがある。[D]テレビは、わたしが放送台本作者だったころ、ということは十数年ばかり前から、一回性というものを重んじはじめた。ハプニング*と恰好(かっこう)

漢字（各2点）

a カクトク〔　　〕

b イッカン〔　　〕

c 対抗〔　　〕

d 心象〔　　〕

e 祈願〔　　〕

語句

気組み…いきごみ。気合い。

ハプニング…突然おこる予想外のできごと。また、偶然の行為。

よく命名されたその手法は、〈視聴率はどかんと稼ぐが、放映そのものは一回こっきり、二度とは放映しない。それがテレビというものだ〉という思想で支えられている。書物に引きつけていえば〈再読に耐える名作や名文なんていらないよ。読み捨てられ、忘れ去られてかまわない〉というわけだ。一瞬大いに当って、ある時間すぎれば消えて失くなってしまった方がいいのである。

□ (1) 傍線部㊀は、人間がどのようにするとき生まれるか。これより前の部分から八十二字で抜き出し、最初と最後の五字を答えなさい。（6点）

□ (2) 空欄Aに入る言葉を次から選び、記号で答えなさい。（6点）

ア 歴史に参加するのである　イ 歴史から離反するのである
ウ 言語に参加するのである　エ 言語から離反するのである
オ 時間に参加するのである　カ 時間から離反するのである

□ (3) 傍線部㊁における「同じ構造」とは何のことか。文中から五字以内で抜き出しなさい。（6点）

□ (4) 傍線部㊂の作品を①から、また「露伴」と並び称される同時代の作家を②から、それぞれ選び、記号で答えなさい。（各5点）

① ア 一兵卒　イ 三人妻　ウ 五重塔　エ 夢十夜
② ア 島崎藤村　イ 永井荷風　ウ 北村透谷　エ 尾崎紅葉

□ (5) 空欄B・C・Dに入る言葉をそれぞれ次から選び、記号で答えなさい。（各4点）

ア なお　イ また　ウ さらに　エ むしろ
オ さて　カ すなわち　キ たとえば　ク だが
ケ そして　コ つまり　サ たしかに　シ いかにも

解答欄

(1) 　〜　
(2)
(3)
(4) ①　②
(5) B　C　D

3 評論　学問の力――佐伯啓思

それぞれの社会が、それぞれの社会に埋め込まれている「超越」というものにたいする敬意をもっていて、しかも、それが、あからさまに神というかたちをとらないとすれば、神の言葉は、その社会がもっている文化や習慣のなかにしるされているはずなのです。

　そういうものにたいする敬意を、私は「義」と表現します。ある社会が[A]に大事に保持してきた価値に敬意を表して、そういう価値にたいして自分を投げ出すという態度を「義」と考えたのです。この「義」というのは、あらゆる社会にあるはずなのです。

　かりにアメリカ社会が、個人の自由の観念を[B]な価値とみなしているのであれば、それはアメリカ人が個人の自由という「理想」にたいして「義」をもつということです。それは、イスラム社会では、イスラムの神であるアッラーにたいして自分の人生を[a]捧げることが「義」であるのと、ある意味で[b]タイトウです。アメリカ人は「個人の自由」にたいして「義」を捧げるのだから、イスラム原理主義者が「アッラー」にたいして「義」を捧げることについても理解できるはずだと、そういうふうに考えたほうがいいだろうということです。

　こういう考え方は、しばしば相対主義といわれますが、私のいいたいことは、必ずしも相対主義ではないのです。おそらく、どの社会も、「[C]」や「絶対的なもの」へいたろうとする手がかりをもっている。しかし、その手がかりは、それぞれの社会に[c]トクユウのやり方で示されている。それを、ひとつの共通のグローバル・スタンダード*に標準化することはできません。この手がかりは、多くの場合、それぞれの社会の伝統や習慣のなかになかば無意識のうちに[d]堆積されているからです。だから、まずそれぞれの社会がもっている文化なり伝統的なもののなかにある知恵とか超越的なものを尊重するということになる。

　これは、相対主義というよりも、[e]カクされた絶対主義を前提にした①「保守主義」というべきものでしょう。保守主義は、「あの世」のことについては絶対的なものを仮想しておき、「この世」においては、相対的だと考える。これはけっしてダブル・スタンダード*ではなく、みえない「絶対的なもの」があるから、②みえる世界では物事は相対化されるのです。ちょうど「神」という絶対的なものを想定しておくから、この世では、人々は、

〔　月　日〕

時間 25分　得点

解答▸別冊2ページ

漢字（各2点）

a 捧げる〔　　〕

b タイトウ〔　　〕

c トクユウ〔　　〕

d 堆積〔　　〕

e カクされた〔　　〕

語句

グローバル・スタンダード…国際的に共通な基準。

ダブル・スタンダード…同一の事柄の判断に異なる二つの基準を用いること。

神の前で平等になるのと同じようなことです。

□ (1) 空欄A・Bに入る言葉をそれぞれ次から選び、記号で答えなさい。（各8点）

ア 形式的　**イ** 肯定的　**ウ** 歴史的

エ 絶対的　**オ** 批判的

□ (2) 空欄Cに入る言葉を文中から七字以内で抜き出しなさい。（8点）

□ (3) 傍線部①とは、どうすることか。「伝統や習慣」「普遍性」という言葉を使って四十字以内で答えなさい。（8点）

□ (4) 傍線部②の説明として適切なものを次から選び、記号で答えなさい。（8点）

ア 絶対的な価値観を持っていれば、どんなことにも対処できる。

イ 歴史や伝統の力が、必然的に世界に違いを生じさせる。

ウ 文化の背景になる価値観が社会の違いを解消する。

エ 考え方の違いが生じていても、それを許容できる。

解答欄

(1) A　B

(2)

(3)

(4)

4 評論 教師花伝書 ―― 佐藤学

（　月　日）

時間 25分 得点

解答・別冊2ページ

教師が専門家（プロフェッショナル）であることは自明のように語られている。しかし、①教職の専門職性は決して自明のことではない。例えば、「教師は授業のプロである」と言われるが、この「プロ」と言われている内容は「専門職性」というよりは、むしろ「職人性」としての意味を示している。《A》

そもそも、日本においては「専門家（プロフェッショナル）」という概念が成熟していないという現実がある。欧米において「専門家（プロフェッショナル）」という言葉は、もともと「神の宣託（profess）を受けた者」を意味し、近代以降は「公共的使命（public mission）とその倫理的責任」と「高度の知識と技術」と「自律性（autonomy）」において定義される仕事のaリョウイキを示している。したがって、欧米においてまず「専門家」と呼ばれたのは牧師であり、次に大学教授（professor）、そして近代以降に医師と弁護士が加わっている。「専門家」とは「公共的使命」とその実践能力と自律的責任によって定義される職業領域であるが、このような意味における「専門家」の概念は日本においては未だ成熟してはいない。〈中略〉

教師は専門家として再定義されるべきであり、専門家としての自律性と地位を確立すべきであり、専門家としてのb倫理と責任を問われるべきであり、専門家としての成長を実現すべきである。子ども一人ひとりの幸福の実現と平和で民主的で平等な社会の建設という［　　］において、教師の仕事は医師や弁護士や大学教授の果たしている役割と責任とを比べて、決してcオトるものではない。《B》

しかし、教師が専門家と見なされる場合も「マイナー*な専門家」として消極的な意味が与えられてきた。医師や弁護士のように「高度な専門的な知識や技術」が確定していないからである。そのため、教師は誰にでも務まる「安易な仕事（easy work）」と見なされてきた。一般の人から見れば、教師は子どもの頃から日々目の当たりにしてきた最も身近な職業であり、「人間性」と「情熱」と「技能」さえあれば誰にでも務まる職業に見えても仕方がないのかもしれない。この素朴なイメージは②テレビの「教師もの」ドラマやワイドショーにおける教師バッシング*によって、日々強化されている。《C》

それどころか、近年は国や都道府県のdスイシンする教育改革においても、教師の仕事は誰にでも務まる「安

漢字（各2点）

a リョウイキ〔　　〕

b 倫理〔　　〕

c オトる〔　　〕

d スイシン〔　　〕

e 研鑽〔　　〕

語句

自明…説明するまでもなくあきらかなこと。

マイナー…小さく、重要でない存在であるさま。

バッシング…ある者の行為や発言を手厳しく非難すること。

易な仕事」として扱われ、「公衆の僕」として「納税者へのサービス」を強化する改革が矢継ぎ早に断行されてきた。その結果は異様である。デパートに挨拶の研修に行かされる教師、企業に社会性と勤労態度の研修に行かされる教師、予備校に授業技術の研修に行かされる教師、校長や保護者に点数で評価される教師などは、③世界のどの国にも見られない異様な光景である。《D》

それだけに教師は自らの公共的使命とその責任を自覚し、教育の専門家として日々研鑽[e]し、専門家の名にふさわしい実践を創造し、教職の自律性と地位の向上に努めなければならない。

□(1) この文章からは次の一文が抜けている。当てはまる箇所を《A》～《D》から選びなさい。（6点）

その意味では、教師の仕事は言葉本来の意味で最もプロフェッショナルな職業と言ってもよいだろう。

□(2) 傍線部①とあるが、その理由を次から選び、記号で答えなさい。（6点）

ア 教師は子ども相手の仕事として、一般に尊重されづらいから。
イ 日本人にとって、「専門家」という言葉はなじみが薄いから。
ウ 教師自身に専門職であるという自覚が少ない人が目立つから。
エ 教師に専門的な知識と技術を要すると認知されていないから。

□(3) 空欄に入る言葉を文章中から五字で抜き出しなさい。（6点）

□(4) 傍線部②とあるが、筆者は「教師もの」ドラマやワイドショーが現実の教師にどのような影響を与えていると考えているか。説明しなさい。（8点）

□(5) 傍線部③の背景として、筆者は教師に期待されているものが欧米と日本でどのように違うと考えているか。説明しなさい。（8点）

□(6) 筆者の主張として不適切なものを次から選び、記号で答えなさい。（6点）

ア 教師の地位向上のためには、教師自身の努力が求められる。
イ 教師は自身がもつ使命について、広く訴えかけるべきである。
ウ 教師は、自らの職業がもつ社会的役割を自覚するべきである。
エ 教職は、医師や弁護士といった専門職に決して劣っていない。

解答欄

(1)　(2)　(3)　(4)　(5)　(6)

5 小説 こころ ―― 夏目漱石

時間 25分　得点

解答▶別冊3ページ

　二人が帰るとき歩きながらの沈黙が一丁も二丁もつづいた。その後で突然先生が口を利き出した。「悪い事をした。怒って出たから妻はさぞ心配をしているだろう。考えると女は可哀そうなものですね。私の妻などは私より外にまるで頼りにするものがないんだから」先生の言葉は一寸其処で途切れたが、別に私の返事を期待する様子もなく、すぐその続きへ移って行った。「そういうと、夫の方は如何にも心丈夫の様で少し[a]コッケイだが。君、私は君の眼にどう映りますかね。強い人に見えますか、弱い人に見えますか」「[A]」と私は答えた。この答は先生に取って少し①案外らしかった。先生は又口を閉じて、無言で歩き出した。

　先生の宅へ帰るには私の下宿のつい傍を通るのが順路であった。私は其所まで来て、曲り角で分れるのが先生に済まない様な気がした。「[B]」と云った。先生は忽ち手で私を遮った。「もう遅いから早く帰りたまえ。私も早く帰って遣るんだから、妻君の為に」先生が最後に付け加えた「妻君の為に」という言葉は妙にその時の私の心を[C]した。私はその言葉のために、帰ってから安心して寝ることが出来た。私はその後も長い間この「妻君の為に」という言葉を忘れなかった。

　先生と奥さんとの間に起こった[b]波瀾が、大したものでない事はこれでも解った。それが又[c]メッタに起る現象でなかった事も、その後絶えず出入をして来た私には略推察が出来た。それどころか先生はある時こんな感想すら私に洩らした。「私は世の中で女というものをたった一人しか知らない。妻以外の女は殆んど女として私に訴えないのです。妻の方でも、私を天下にただ一人しかない男と思ってくれています。そういう意味から云って、私達は[D]。」

　私は今前後の行き掛りを忘れてしまったから、先生が何の為にこんな自白を私に為て聞かせたのか、判然いう事が出来ない。けれども先生の態度の真面目であったのと、②調子の沈んでいたのとは、今だに記憶に残っている。その時ただ私の耳に異様に響いたのは「最も幸福に生れた人間の一対であるべき筈です」という最後の一句であった。先生は何故幸福な人間と云い切らないで、あるべき筈であると断わったのか。私には③それだけが[d]フシンであった。ことに其所へ一種の力を入れた先生の語気*がフシンであった。先生は事実果して幸福なの

漢字（各2点）

a コッケイ〔　　〕

b 波瀾〔　　〕

c メッタ〔　　〕

d フシン〔　　〕

e 葬られて〔　　〕

語句

語気…言葉つきや語勢。語調。

だろうか、又幸福であるべき筈でありながら、それ程幸福でないのだろうか。私は心の中で疑ぐらざるを得なかった。けれどもその疑いは一時限り何処かへ葬られてしまった。

□ (1) 空欄A・B・Cに入る言葉をそれぞれ次から選び、記号で答えなさい。（各5点）

A **ア** なさけない人に見えます　**イ** 強い人に見えます
ウ 中位に見えます　**エ** 弱い人に見えます

B **ア** 序に其所まで御伴しましょうか
イ 序に御宅の前まで御伴しましょうか
ウ 序に曲がり角まで御伴しましょうか
エ 下宿の傍を通るので御伴しましょうか

C **ア** 愉快に　**イ** 冷静に　**ウ** 清らかに　**エ** 暖かに

□ (2) 傍線部①を他の語で言い換えなさい。（5点）

□ (3) 傍線部②について、なぜ「先生」は「調子の沈んでいた」態度だったのか。四十字以内で答えなさい。（8点）

□ (4) 傍線部③は何を指しているか。文中の言葉を使って答えなさい。（6点）

□ (5) 空欄Dに入る適切な箇所を文中から二十一字で抜き出し、最初と最後の三字を答えなさい。（6点）

解答欄

(1) A　B　C

(2)

(3)

(4)

(5) 〜

6 評論 新しき短歌の規定―― 近藤芳美

〔　月　日〕

時間 25分

得点

解答▸別冊4ページ

新しい歌とは何であろうか。それは今日有用の歌のことである。今日有用の歌とは何か。それは今日この現実に生きている人間自体を、そのままに打ち出しうる歌のことである。現実に生き、現実に対決しているわれわれ自体を、対決の姿そのまま、なまなまと打ち出しうる短歌こそ有用の詩であり、われわれの新しとする歌である。新しい歌は、人間を[a]ダイタンに打ち出したものでなければならない。［A］、打ち出されるべき主体である作者自身は、すべての意味において、最も誠実に今日の日に生きている人間でなければならない。誠実に今日に生きるとは何を言うのか。それは、われわれの今いる現実を直視して眼をそらさない生き方のことである。弱弱しく背をむけない、[b]トウヒしない生き方である。①今ほのぼのとした目をして天を見てはいけない。われわれは、このあらあらしい人間世界の渦流の中に立っていることをありのままに認知しなければならぬ。苦しみと、悲しみと、怒りと、よろこびとを、この渦流の中からそのまま把握し来たって、短歌詩型として打ち出さなければならない。これが誠実な生きかただ。このかぎりにおいて、ほのぼのと天の一角を見るがごとき、［B］夢見るごとき姿態*をとろうとする［C］派の態度は、まず第一に自己の生き方に不誠実の焼印を受けなければならぬ。人間渦流を正視し、その中に押し流されているわれわれ自体を認知する。われわれはその中に生きている現実自体を[c]キビンに把握し、詩として[d]ケッショウせしめる、［D］、もしそのままで終われば、われわれの作品には救いがない。在りのままをありのままとして受けるだけの［E］主義なら、われわれの生き方は少しくらすぎると思う。われわれは、「かく在る」現実を「かく在るべき」現実として同時に見なければならぬ。われわれはわれわれを今押し流している渦流を何であるかと知る科学を持たなければならない。このわれわれの生き方から、われわれの作品「新しき短歌」は規定される。つづめて言えば、最も誠実に現実に対しえたものが、その現実の中からとらえた短歌であること。さらに誠実に生きることは、現実を正視するとともに、現実を科学の「必然」として同時に認識しうる生き方のことである。しかし、そのために②短歌はあくまで自己表現でありながら人間一個の表現であるということから再び[e]ユウリしていってしまってはならぬ。われわれはわれわれの今いる位置からしか物を言えないことを知らなければならぬ。かくあるべきだ、

漢字 （各2点）

a ダイタン〔　　〕
b トウヒ〔　　〕
c キビン〔　　〕
d ケッショウ〔　　〕
e ユウリ〔　　〕

語句

姿態…すがた。かたち。からだつき。

リアリズム…①芸術上の写実主義。②人生観・世界観上の現実主義。

かくなるべきだというところに、われわれは今いるところから作歌しつつ、実作をもって至りつかなければならぬ。われわれの肉声をはなれて歌は成り立たない。肉体をはなれてしまって「作者自体」などありえぬ。新しき短歌はリアリズムに立つ*。

□ (1) 空欄A・B・Dに入る言葉を次から選び、記号で答えなさい。(各5点)

ア そうして　**イ** たとえば　**ウ** あるいは　**エ** しかし
オ したがって　**カ** まして　**キ** やはり　**ク** それでも

□ (2) 空欄C・Eに入る言葉の適切な組み合わせを次から選び、記号で答えなさい。(5点)

ア C 抒情　E 現実　**イ** C 平俗　E 即物
ウ C 素朴　E 理想　**エ** C 叙景　E 理知

□ (3) 傍線部①の理由として適切なものを次から選び、記号で答えなさい。(5点)

ア 現実に対して有害であるから。
イ 歌が夢から生まれることを忘れているから。
ウ 人間的な誠実さに欠けるから。
エ 人間の現実への認識が十分でないから。

□ (4) 傍線部②を別の表現でいい表している箇所を、文中から抜き出しなさい。(5点)

□ (5) (Ⅰ) 若山牧水、(Ⅱ) 与謝野鉄幹、(Ⅲ) 吉井勇、(Ⅳ) 釈迢空、(Ⅴ) 斎藤茂吉の作品を次から選び、記号で答えなさい。(各2点)

ア 酒ほがい　**イ** 赤光　**ウ** 桐の花　**エ** 東西南北
オ 悲しき玩具　**カ** 海やまのあひだ　**キ** 別離

解答欄

(1)	
A	
B	
D	

(2)	

(3)	

(4)	

(5)	
Ⅰ	
Ⅱ	
Ⅲ	
Ⅳ	
Ⅴ	

7 評論 〈私〉探しゲーム ―― 上野千鶴子

（ 月 日）

時間 25分 得点

解答・別冊4ページ

大衆社会とは、人間が匿名的な個人に還元され、人々が非人格的な関係をとり結ぶような社会である。①客と店との関係の非人格化、これが百貨店が選んだ「近代」商法であった。〈中略〉専門店は、百貨店とちがって、客との関係の人格化をシコウする。相手の好みを知り、売り子との「なじみ」を大切にし、値引きやサービスに応じる。専門店はしばしば、入口をコイに狭くとって、このドアをくぐるのが②特権的な客であることを、アピールしさえする。高度大衆社会化状況の進展にともなって、百貨店は、一方でスーパー攻勢、他方で専門店（テナント・ビル）攻勢の挟み撃ちにあった。「豊かな社会」の消費者たちは、ライフスタイルに応じて多様化した。百貨店は均質で画一的な消費者像をターゲットとしたボリューム・ゾーンの品揃えだけでは、やっていけなくなった。百貨店のテナント・ビル化が進行していた一時期に、販売ソクシンをめざす中間管理職の会議で、ある百貨店の担当者は、販売員の専門店化を主張した。すぐれた専門店の売り子は、一人で四〇人の固定客をつかむという。百貨店の店員教育を徹底して、固定客との「なじみ」関係をつくらせようというのが彼の主張だが、顧客のこの差別化戦略は、百貨店にとっては自らの首を締めることになるだろう。百貨店で、人々は匿名性のゆえに平等なとり扱いを期待しているのであり、売り子が特定の客にだけにっこり話しかけたら、この「平等性」（たとえ見せかけだけのものにしろ）は、破壊されてしまう。「差別化」戦略は、いつでもあらゆる客に「ちがいがわかる」のは自分だけだという優越感を抱かせなければならない、というパラドックス*を持っている。③客の差別化は、商品を買った瞬間に、その商品自体によって完成する。④売り子との人格的なコミュニケーションで客を差別化するのは、百貨店商法にとっては邪道であろう。

百貨店の見世もの的性格は、こうして万人に開かれている。百貨店は出入り自由でしかも空調つきの巨大な見世もの空間である。だから、婦人客は、ショッピングぬきに何時間も時間をつぶすことができるし、また雨の日には、老人たちがあふれることになる。百貨店のこの機能を、これまでの研究者は、「ひろば」「ちまた」「往来」とさまざまに呼んできた。百貨店は、ある意味では、タテに積み上がった往来や縁日のようなものである。もともと設計プランの中にひろばを欠いた日本の都市デザインの中では、往来がひろばの役割を果して きた。しかし、公共的なものばかりがひろばとは限らない。わが国の都心空間では、百貨店という一私企業に

漢字（各2点）

a 匿名〔　　〕
b シコウ〔　　〕
c コイ〔　　〕
d ソクシン〔　　〕
e 顧客〔　　〕

語句

パラドックス…逆説。常識と反対のことをいっているようでも、実は道理にかなっている説。

日がな一日…一日中。朝から晩まで。

すぎない大型小売業資本が、実質的にひろば――快適な、しかし管理された空間――を提供しており、しかも、七〇年代のコミュニティ・プランの中で、⑤百貨店*は、ひろば機能を引きうけることに積極的だ。雨の日曜日、電化製品のショウルームで大型TV受像機を日がな一日眺めつづけているお年よりにとっては、商品陳列スペースがそれ自体⑥ひろばの機能を果たしていると言える。

□(1) 傍線部①とはどういうことか。次から不適切なものを選び、記号で答えなさい。（6点）

ア 客と店とが、その場限りの契約関係しか結ばないこと。

イ 店が、多様化する客のニーズに応えようとしないこと。

ウ 店が、どの客に対しても全く同じようにしか対応しないこと。

□(2) 傍線部②の客は、どのような意識を持っているか。文中から二十五字以内で抜き出し、最初と最後の五字を答えなさい。（7点）

□(3) 傍線部③の理由を説明した箇所を、文中から三十五字以内で抜き出し、最初と最後の五字を答えなさい。（7点）

□(4) 傍線部④の理由を「〜から。」に続くように二十五字以内で抜き出し、最初と最後の五字を答えなさい。（7点）

□(5) 傍線部⑤の理由を次から選び、記号で答えなさい。（6点）

ア 見知らぬ者同士が行き交う空間が、非人格的な関係を求める百貨店の理念と一致するから。

イ 冷やかし客を受け入れることで、百貨店が管理された空間でしかないことを隠すことができるから。

ウ 老人や婦人がゆっくりと楽しむことの出来る空間を取り込むことによって、百貨店の消費者像を広げることができるから。

□(6) 傍線部⑥は、百貨店をどのような空間と見なしていることの表れか。文中から十字以内で抜き出しなさい。（7点）

解答欄

(1)

(2) 〜

(3) 〜

(4) 〜 から。

(5)

(6)

8 評論 作家の青春 ―― 中村光夫

僕達が明治時代の文明開化の風潮について論ずるとき、まず何より忘れてならないのは、これが当時の人心を支配した力の深さまたは激しさである。いわばその風潮は明治文化という巨舟を苦もなく浮かべたとうとうたる大河に譬(たと)えられる。

同じ風潮といっても近頃の文壇の風潮とか思想界の風潮などのような浅薄な流行とはまるで桁が違うのである。またそれは一部の知識階級や先覚者の間に限られた運動というようなものとはおよそ正反対の性格を持っていた。何故(なぜ)なら、この風潮は根本においては当時の国民生活の必要に根差したものであり、いわばこの国家的必要の自覚という形で、社会の上下をあげて［A］し、文化のあらゆる面を支配した点で、今日の所謂(いわゆる)文化政策などとは比較にならぬ強い影響力を持つものであった。

たとえ文明開化が一時期の明治政府の実践した一種の文化政策であったとしても、それは単に①既成の文化現象のみに対する統制や指導に限られたような消極的なものではなく、当時の我が国の指導者が願ったところはまず何よりも積極的な新文化の創造であった。そして彼達は真の新たな文化は所謂文化の面を対象とする政策から生まれるものでないことをよく[a]弁えていた。したがって彼達の実際に努めたのはまず生きた文化の母胎たる社会生活の更新であった。これと表裏をなす［B］であった。〈中略〉

②すべて時代の風潮が支配するのは人々の思想よりむしろ心理である。だからそれはあまり突きつめて解析*すると却ってその正体を見失う場合が多いのである。一口に云えばそれは生き物である。その生きた影響は曖昧なだけに却って力強いのが普通である。

そして文明開化はこの点でもこうして時代風潮の性格の露骨な実例と云えるであろう。

おそらくこれほど理屈としたら他愛のない、しかし現実に強烈な影響力を振るった時代風潮は、我が国では勿論、外国でも類例に乏しいのである。それはまず何より、成功した政治の力すなわち事実の力であった。そしてそこに演じられた東洋と西洋という著しい異質な文化の[b]未聞の衝突は、その背後に働いた二百年の鎖国の[c]余弊を一挙に取り戻すための止むを得ぬ［C］と[d]相俟って、③国民から沈着な思考の力を奪うに十分であった。

こういう風に文明開化とは明治時代に生きた人々にとって或る④あらがい難い時代の風潮であったという事実

〔　月　日〕

時間 25分　得点

解答▶別冊5ページ

漢字（各2点）

a 弁えて〔　　〕

b 未聞〔　　〕

c 「弊」の字を使って二字の熟語となるものを次の中から二つ選びなさい。

1 衣　2 制　3 権
4 横　5 語　6 造
7 幽　8 呑

〔　・　〕

d 相俟って〔　　〕

語句

解析…物事をこまかに解きわけ、組織的・論理的に研究すること。

を、僕達は今日からこれを論ずるとき見逃しがちである。

□ (1) 空欄A〜Cに入る言葉をそれぞれ記号で答えなさい。（各4点）

A **ア** 忌避　**イ** 摩擦　**ウ** 錯覚　**エ** 風靡　**オ** 麻痺

B **ア** 意識の回避　**イ** 精神の変革　**ウ** 文明の改組
　エ 文化の変貌　**オ** 時代の認識

C **ア** 意図　**イ** 忘却　**ウ** 焦燥　**エ** 即断　**オ** 熟慮

□ (2) 傍線部①の説明を次から選び、記号で答えなさい。（7点）

ア 明治維新がもたらした西欧の文化
イ 既に明治政府が容認した文化
ウ 庶民が無理解のうちに受け入れた文化
エ 前時代から継承している文化

□ (3) 傍線部②の「時代の風潮が支配する」心理とはどのような状態の心理か。適切なものを次から選び、記号で答えなさい。（7点）

ア 思想を喪失した大衆の心理
イ 流行に便乗する浮薄な群集心理
ウ 漠然と流されるような大衆の心理
エ 誰をも巻き込んでしまう群集心理

□ (4) 傍線部③によってどのような現象が起きたと思われるか。適切なものを次から選び、記号で答えなさい。（7点）

ア 日本文化の否定によって浮かび上がった西洋文化の歪み
イ 東西文化の確執もないまま鮮明になった固有文化の歪み
ウ 西洋文化の急激な移入のために生じた日本文化の歪み
エ 伝統文化の過激な否定だけを考えた時代風潮の歪み

□ (5) 傍線部④を比喩的に表現している言葉を文中から八字で抜き出しなさい。（7点）

解答欄

(1) A
B
C

(2)

(3)

(4)

(5)

評論　古典の影

西郷信綱

時間 35分　得点

解答・別冊5ページ

（　月　日）

伊藤仁斎（いとうじんさい）『童子問（どうじもん）』の一節にいう。「一にして万にゆく、これを①博学といふ。万にして又万、これを②多学といふ。博学は猶（なほ）、根あるの樹、根よりして而（しか）して幹、而して枝、而して葉、而して花実、繁茂稠密（ちゅうみつ）、算（かぞ）へ数ふべからずと雖（いへど）も、然れども一気流注して、底（いた）らずといふ所なく、いよいよ長じて、いよいよやまざるがごとし」。これにたいし「多学」は布でつくった造花で、らんまんと咲きみだれ人の目をよろこばせはするが、しょせん死物にすぎず、成長するということがない。両者は一にすべきでなく、「*駁雑（はくざつ）の学を以て博学とするは誤れり」と。

古典がイダイ[a]なのは、たんにそこでいわれていることじたいによってではなく、そこでいわれようとしていること、すなわちそれが私たちに投げかける③志向性の影によってである。文学史とか思想史とかよばれる学問が、おおむね無味乾燥で、現代とひびきあうことがまれなのは、古典にいってあることをたんなる歴史的事実として対象化し、それが私たちに投げかけてくるこの影をうけとめようとしないからである。右の仁斎のことばにしても、一古学派儒者の言として、当時の儒学史の系譜や枠組のなかでたんに事実的に読むなら、せいぜい朱子学批判の一節にすぎず、おそらく引用にも価しないだろう。しかし、このことばで仁斎が何をいわんとしているか、つまりこのことばの背後に、目に見えぬ、仁斎のいかなる種類の、いかなる量の経験がよこたわっており、それがここにいかに表現されているかという点を読みとろうとするならば、それは④私たちの精神を強く照射することばとして、とみにそのこだまをひろげてくる。たとえば次のような一連のこだまを、右の仁斎のことばは私の心によび起す。

今日の論壇[b]で活躍している八宗兼学を自任する士の多くは、「一にして万にゆく」ところの「博学」の士ではなく、実は「万にして又万」なる「多学」の徒に外ならないのではあるまいか。あるいは、ジャーナリズムという世界は、右にいわゆる「多学」という名のさまざまな造花が咲き競い、ニセガネのひびきで衆人をあざむく市場のごときものではないか。いや、論壇とかジャーナリズムとかにかぎらず、私たちじしんの今日の学問にしても、しっかりと大地に根を張っているのではなく、したがって、根よりして幹、そして枝、そして葉、そして花実へと茂り成長してゆく見こみを大してもっていない「［A］」という泥沼におちこんでいるのではなかろうか。

今の日本において、学問的成熟がひどく困難であり、私たちの学問が結局、若いときにやった仕事の因襲的[c]なくりかえし、それの解体または水ましといった尻つぼみの状態に終り、「［Ⅰ］」にしてついに「［Ⅱ］」にすぎぬような形になりがちなのも、「［Ⅲ］にして［Ⅳ］」に至るその「［Ⅴ］」なるものの根源的定立に欠ける点があるからではなかろうか。少くとも現代の私たちの学問はおしなべて、どこかで決定的に故障しており、しかもそのことがほとんど反省されずにきているため、この故障はいっそう無気味なぐあいに深まり、かつひろがって行こうとしているのではあるまいか、と。

右の仁斎の一文を読むと、私は否応[d]なくこのようなことを考えさせられる。これは仁斎からのイッダツ[e]でもなければ、いわゆる深読みでもないと思う。その志向性において読むとき、右の一文の行間の沈黙から、まさにこのような意味が発してくるのである。いま立入ることはしないけれど、行間を読むという古来の読書法には、言語表現の本質からしても首肯される点があるはずで、とにかく、この行間の沈黙から発してくるもの、これが私たちに投げかけられた古典の影であり、古典がつねに読み直され、そこに人があらたな意味を見出すのも、この影においてである。だから、そこに表現されている観念の姿そのものが問題であるだけでなく、それが私たちに放射してくる意味、それによって私たちをあらたな探究に向って開くところの意味、すなわち古典のヴェクトルとでもいうべきものが同時に問題なのである。『童子問』が日本における学問論のもっとも重要な、だがかくされた古典であると私に思えるのも、この点にかかってくる。〈中略〉

それにしても仁斎の志向が儒教の枠をこえ、未来を先取していることは疑えない。「*下学而上達」という『論語』の有名なことばは、「下学人事、上知天命」と古くから注されているが、彼は学問における経験と認識の問題としてこの古言に⑤あらたな意味付与をおこなおうとしていると見ていい。このように彼が先取しているものを過去から現代に拉(らっ)し来らねばならない。

彼の文章には、「大地」とか「根」とか「花実」とかいう語がよく使われている。で、うっかり読むと、いわゆる土着主義を説いているかのような印象を受ける。しかし、彼はけっして「一」にしてついに「一」に終る土着を説いているのではなく、「一にして万にゆく」、そういう「一」の根源的定立の必要を一貫して説いているのである。だから、そこには*弁証法が、経験と認識との、基礎づけるものと基礎づけられるものとの弁証法がある。下学上達は、たんに下学でないとともに、たんに上達でもなく、下学によって基礎づけられた上達なのである。では、下学であることにおいてなぜ上達という超越が可能なのか。それは、一歩一歩が万里の遠きに至る過程、つまり、「一」と「万」とのあいだには、目に見えぬ飛躍と断絶の契機がはらまれているからでなければならぬ。

もっとも仁斎は、この飛躍と断絶の過程については、ほとんどふれていない。ただ⑥次のように述べているのが注目される。「学はその正しからんことを欲し、功は其の熟せんことを欲す。奇特を好むべからず、*捷径(しょうけい)を求むべからず。水到れば船浮び、*華謝すれば子結ぶ。……苗よりして秀で実のる、おのづから其の時あり。其のおのづから悟るに任せて、我より悟を求むること勿(なか)れ」と。この「おのづから」云々のことばは重大である。弁証法が真に弁証法的であるためには、⑦結論が過程のなかに予想としてふくまれていてはならない。真理は客観的に物として外にあるのではなく、「*循循として」歩くことにおいてなるのだからだ。「我より悟を求むること」がいけないのも、それによって悟りつまり真理が、外にすでにあるものとして対象化され、その予想された結論が過程を心的に空無化するからで、彼が批判しようとした朱子学の「理」とか、禅家の「*頓悟」とかは、まさに、そのようなものであった。

とくに禅家を批判して、「禅家は空言を以て空理を説く。耳聞く所なく、目見る所なし」といっているのに注目したい。朱子学にしてもそうで、「声もなく臭もなきの妙を以て、無極の真」となすのだから、それはやはり「無物の地に於て物を求むる」にひとしい。こういった空理空言にたいし、彼は、「目見て耳聞き、心得て身有す」という、人が日常生きている次元での経験と実践を第一義として重んじ、そのふところにおいて「其のおのづから悟るに任せて」、死して後やむという態度が大切だと説く。私たちにおいても、我よりこれを求めるところの対象的真理は、すでに真理であることをやめ、この世の我を慰める一つの形式に転化するであろう。⑧万にゆく「一」を根づかせることの必要なゆえんがここにある。

＊駁雑…いろいろなものが入り交じり、純粋ではないこと。
＊下学而上達…身近なことを学び、高尚なことに高める。
＊弁証法…経験と認識を用いて事物の本質を理解するための方法。
＊捷径…近道。　＊華謝…花が散ること。
＊循循として…整然と。秩序をもって。
＊頓悟…修行をせず、究極の悟りに至ること。

□(1) 点線部a～eのカタカナは漢字で、漢字は読みをひらがなで書きなさい。(各1点)

a	b	c
d	e	

□(2) 傍線部①・②についての説明として最も適切なものを次から選び、記号で答えなさい。(5点)

ア 一つのことをつきつめて考える博学と、おし広げて発展させていく多学は、並行して行われるべきである。

イ 一つのことを普遍的なことがらへと展開する博学は、多くの雑多な知識を得る多学より尊重されるべきである。

ウ 一つを学んだだけで多くを知った気になる博学は危険であり、多くを学ぶ多学を優先すべきである。

エ 一つを学べばすべてを知ることができる博学は、多くのことを学ばなければならない多学よりも価値がある。

□(3) 傍線部③と同じ意味を表す言葉を、文章中から八字で抜き出しなさい。(4点)

□(4) 傍線部④とあるが、仁斎の言葉が筆者に投げかける「こだま」とはどのようなものか。次から選び、記号で答えなさい。(5点)

ア 私たちは知識を得ることばかりに熱心で、それが精神的修養には役立っていないのではないかという不安。

イ 私たちが古典を学ぶ際に、歴史的事実の対象化が十分に行われていないのではないかという失望。

ウ　私たちの学問にある決定的な故障が、学問的成熟を困難なものにしているのではないかという疑念。

エ　私たちの学問が因襲的なくりかえしに陥っているのは、教育体系に原因があるのではないかという不満。

(5)　空欄Aに当てはまる言葉を、文章中から四字で抜き出しなさい。（4点）

(6)　空欄Ⅰ～Ⅴには「一」または「万」が入る。それぞれ適切なものを書きなさい。（各1点）

Ⅰ　　Ⅱ　　Ⅲ　　Ⅳ　　Ⅴ

(7)　傍線部⑤とあるが、どのような意味か。「下学」「上達」という言葉を用いて説明しなさい。（6点）

(8)　傍線部⑥とあるが、仁斎の主張として**不適切**なものを次から選び、記号で答えなさい。（5点）

ア　学問は時間をかけて、じっくりとおこなうべきだ。

イ　学問に奇抜なやりかたや、近道などは存在しない。

ウ　どれほど学問をしても、それが実るとは限らない。

エ　学問は、自然に悟るのにまかせなければならない。

(9)　傍線部⑦とあるが、筆者がこのように述べるのはなぜか。説明しなさい。（6点）

(10)　傍線部⑧とあるが、筆者がここで求めているのはどういうことか。次から選び、記号で答えなさい。（5点）

ア　できるだけ多くの経験をして、ただ一つの普遍的な真理を見つけ出すこと。

イ　普遍的な真理につなげるため、必要となる経験を厳密に選び取ること。

ウ　自身が得た普遍的な真理を、その後の多くの経験に生かしていくこと。

エ　普遍的な真理を導き出すために、経験したことと真摯に向き合うこと。

9 評論 感性の哲学 ―― 桑子敏雄

時間 25分　得点

〔　　月　　日〕

解答▼別冊6ページ

新しい自宅の近くに古い神社の森があった。その暗く、ᵃシメった空間は、コンセプト*を超えるものをもっていた。そこにはコンセプトによっては捉えられない風景の奥行きがあった。風景が奥行きをもつことを、わたしは「風景のひだ」と呼びたいと思う。風景のひだの奥には、空間のもつ履歴が存在する。ひとの人生の長さを超える履歴がひそんでいる。その履歴をもつ空間のなかに自分の存在を得ることで、①自己の存在は、時間的存在であることを確認し始める。(注)Sさんは、その神社と人間の意味を問うために、参拝するひとびとの写真を撮りつづけたという。

空間と自己の発見こそ、あるいは、空間と自己のかかわりの発見こそ、自己の履歴の発見である。積み重ねられた履歴をたどって、履歴に組み込まれた体験を思い起こすとき、ひとは自分の存在を知る。自己を知る最初の体験とは、それまでの自分とはᵇチガう自己の発見である。その意識は、②風景のなかに埋もれている自分を掘り出すことである。風景を見、風景に触れる自分を意識することである。この風景と自己の関係のᶜハアクという新しい事態こそ自己変容の起点であろう。③わたしは、自己変容の起点こそが原体験であり、そのときの風景を原風景と捉えたい。自己が身体的存在であるかぎり、自己の変容はそのときの風景とともにある。わたしがわたしであり始めた体験から［　　］切り離すことのできない風景、それこそが原風景である。原体験とは、身体空間での自己変容のプロセスを想起するとき、時間的な起点となる体験である。また、原風景とは、自己変容の自覚とともに想起される身体空間のᵈ相貌である。

原風景では、自己の身体と身体の置かれた空間とが不可分にᵉユウゴウしている。その点で、「原風景」と「原体験」とが並列して置かれることには十分な理由がある。体験とは自己の身体の置かれた空間の知覚とその空間での出来事の記憶とを不可分な要素として含むものだからである。体験とは、自己の身体が置かれた空間での自己の身体的配置のもとで、その空間に配置をもつ事物やひとびととのかかわりを体験することであって、この配置なくして経験は与えられない。

(注) Sさん…筆者が教えた学生。

漢字 (各2点)

a シメった〔　　　〕
b チガう〔　　　〕
c ハアク〔　　　〕
d 相貌〔　　　〕
e ユウゴウ〔　　　〕

語句

コンセプト…全体を貫く統一的な考え方や視点。

□(1) 傍線部①は、どうすることで可能になるのか。適切なものを次から選び、記号で答えなさい。（8点）

ア 奥行きをもった風景の奥の、人の人生の長さを超える履歴をもつ空間のなかに自分の存在を得ること。

イ 暗くしめった空間の奥に存在する空間の履歴に自分の人生の履歴を重ね合わせること。

ウ 風景を奥行きのあるものととらえ、何もない空間のなかに自分の人生の長さを超える履歴があると確認すること。

エ 空間のもつ履歴の奥に風景の奥行きをとらえ、その奥行きに自分の人生の履歴があることを発見すること。

□(2) 傍線部②はどういうことを言っているのか。「〜こと。」に続くように、十五字以内で答えなさい。（10点）

□(3) 傍線部③で言われている「原風景」であるために必要な要素は何か。次から三つ選び、記号で答えなさい。（各2点）

ア 奥行きがある　イ コンセプトによってつくられている

ウ 開放的である　エ 自己変容の結果である

オ 履歴をもつ　カ 自己の身体がかかわっている

□(4) 空欄に入る言葉を次から選び、記号で答えなさい。（6点）

ア たとえ　イ もし　ウ けっして　エ しばしば

□(5) 筆者は、どうすることで経験が与えられると述べているか。それが説明されている一文を抜き出し、最初と最後の五字を答えなさい。（10点）

解答欄

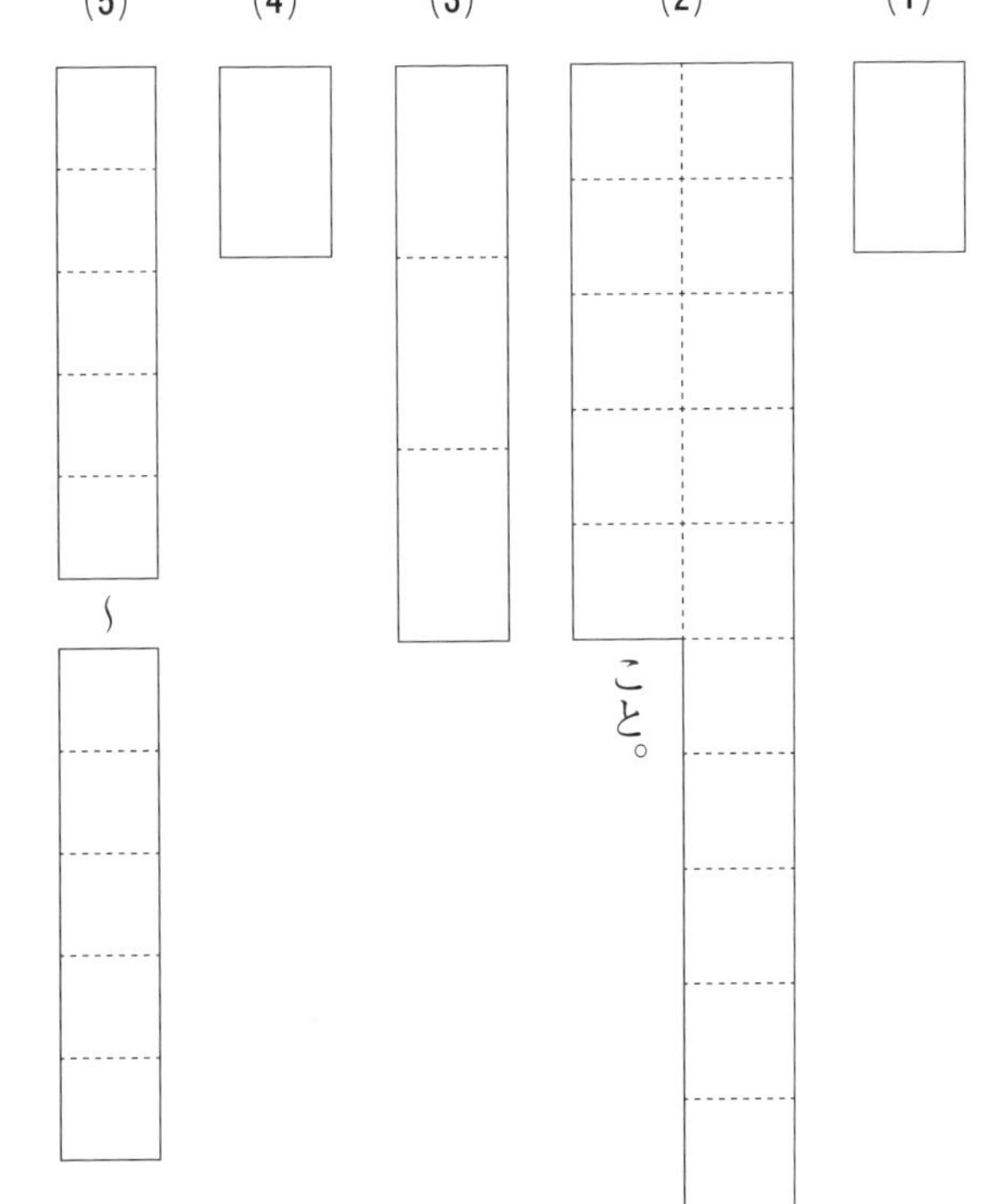

10 評論 文化を交叉させる人類学者の眼 ――川田順造

オウネン[a]のアメリカ映画『カサブランカ』で、ヴィシー政権下の「自由フランス」に同情的なリック（ハンフリー・ボガート）の経営する酒場で、ドイツ軍兵士たちの①傍若無人な高歌高唱に耐えかねた、ポール・ヘンリードの扮（ふん）する潜行中の自由フランスの活動家ラズロが音頭をとり、『ラ・マルセイエーズ』を、酒場にいた人たちが合唱するシーンがある。うたううちに皆興奮し、同じ愛国精神に結ばれた感動にひたって涙を流しながらうたう、それがレジスタンスの気持ちを昂揚[b]させるのだが、これも単にうたを聞くのではなく自分の身体器官を動かし、自分の息を吐いてうたうことによる身体的［　　］が、うたのメッセージの自己回帰性を生みだしているとみることができるのではないだろうか。

「うた」が発話として自律性をもち、モノローグ*でありうることは、先に挙げた粉挽き(注1)うたもそうだが、うたが差し向けるメッセージの受信者の不特定性、つまりメッセージの拡散伝達性につながる。セレナーデのように相手を特定して、秘（ひめ）やかに発信されるものもあるが、西アフリカで発達したグリオ(注2)の褒めうたや日本でも長持唄などのような祝儀唄では、褒めることばが差し向けられる相手が特定されていても、それが同時にそこにイアわせる[c]人々にも聞かれることによって、褒めることの社会的な意味が成立するといえる。メッセージ伝達の方向にみられるこのような特質は、他に誰もいない場での二人だけのダイアローグ（対話）――ことばによそおいがなく、相手から返ってくるメッセージに応じて、こちらから次のメッセージが生まれるような発話のやりとりとして、視覚的な文字を媒介としてはいるが、②パソコンのメールによる交信は、そのようなダイアローグの例として位置づけられる――のタイキョク[d]に、ことばの伝え合いとしての「うた」を位置づけることを可能にする。

同時に、「うたう」ことが、調音器官の協働的運動連鎖など、うたう本人の身体の生理の深奥に直結しているからこそ、本人の意識された制御や日常的配慮を離れた部分から「うた」のメッセージは生まれ、③宛先を特定しない「ことば」自体として放出される、一種の聖性を帯びた声ともなりうるのであろう。「うた」、歌、謡、cano、carmen などの語が、日本語、漢文、ヨーロッパ語のそれぞれでもつ語義や意味場も、必ずしも個人の

［　月　日］

時間 25分　得点

解答▶別冊7ページ

漢字（各2点）

a オウネン〔　　〕
b 昂揚〔　　〕
c イアわせる〔　　〕
d タイキョク〔　　〕
e シサ〔　　〕

語句

モノローグ…独白。独り言。「モノ」は、「単一の、単独の」という意味。（↔ダイアローグ）

自由意志に属さない、メッセージを運ぶ声としての「うた」のあり方を考える上で、つねに単一ではないが興味深いシサ(e)を与えてくれる。

（注1）粉挽きうた…西アフリカで、女性が粉挽きの際にうたう作業歌。
（注2）グリオ…西アフリカの職業的口承伝承者。

□(1) 傍線部①は、どのような意味か。わかりやすく説明しなさい。（10点）

□(2) 空欄に入る言葉として適切なものを次から選び、記号で答えなさい。（10点）

ア 自己満足　**イ** 自己防衛
ウ 自己触発　**エ** 自己批判

□(3) 傍線部②を筆者はどのような性質を持つものと考えているか。適切でないものを次から選び、記号で答えなさい。（10点）

ア メッセージがモノローグのような自律性を持っていない。
イ 特定の相手との双方向のやりとりから成り立つ。
ウ 文字を媒介とすることにより、はじめてダイアローグを可能としている。
エ メールを書き、相手とやりとりする場に、第三者が介入しない。

□(4) 傍線部③の「宛先を特定しない『ことば』自体」とは、どのようなことを意味しているか。「聞き手へ送るという意識から解き放たれた〜であるということ。」という形で、三十字以内で答えなさい。（10点）

解答欄

(1)

(2)

(3)

(4) 聞き手へ送るという意識から解き放たれた　　　　　　　　　　であるということ。

11 評論 「和魂洋才」の破産 ―― 山崎正和

時間 25分 得点

解答・別冊7ページ

（　月　日）

ところでこうして考えて見ると、現代の日本人にとって、およそ伝統と名のつくものは――譬喩(ひゆ)の厳密な意味において――すべて「芝居の役」ではなかったのだろうか。惰性的な風俗ではなくて、積極的な文化の伝統が問題になる限り、すべての日本人はまさに①「日本人」を演じて来たように思われる。明治以来の西洋化の流れの中で、すべての日本人は西洋人を演じて来たように思われているが、実は思いのほかに早くから、日本人は自分自身を演じて来たのが真相であるらしい。岡倉天心の国粋主義*など、どう見ても無理して登った舞台の上の大みえだし、②鷗外や③荷風のバンネン[a]の文学なども案外その面から読み解ける箇所が多いのではないのだろうか。西洋と日本との間の緊張に疲れはてたキョジャク[b]な老人の日本回帰から、彼らははっきりと区別しなければならない何ものかを持っているからである。それはともかく、ここひとつ、困った問題があるのであって、人間はとかく芝居をするということに④奇妙な罪悪感を抱いているように見えるのである。日本人が西洋人を演じるにせよ、日本人自身を演じるにせよ、とにかく何者かを演じて生きるということは、自分に対する不誠実、嘘でなければ不徹底の一種のように考えられているらしい。どこまでも、ひとつの人格の統一をシシュ[c]しようという思想がそこにあって、およそ「芝居をすること」とはあいいれない、ストイック*な立場だといわねばならない。おまけにこの座右[d]銘には、もうとうからぼろが出ている。人間の思想と技術、目的と手段の間には有機的な相即関係があるのだから、洋才に徹すれば［A］に侵され、［B］を固守[e]すればとかく洋才もうわつらのことに終わるのは当然なのであって、その結果、結局は和魂も洋才もいい加減なところで手を抜いて、両者が折りあう程度のなまぬるいところに、なんとか日本人の存在証明を温存しようとしたのが、これまでの私たちの生活ではなかっただろうか。ニューヨークの世界博を訪ねると、日本館の入口にまず人目を惹(ひ)くのが茶室であり、本館内部にひしめいているのはカメラであり小型ラジオの見本であった。そうしてまことに皮肉なまでに象徴的なのは、これら二つの世界をつなぐ中庭が、田舎の縁日よろしく雑踏する、おでんに焼鳥の屋台で埋められていたのである。茶室とカメラを内面的につなぐもの――日本の文化とは、もしあるならば、まさにそういう存在でなければならず、そこにこそ日本の民族的存在証明もあり得たはずなのだが、⑤それが飲み屋の

漢字（各2点）

a バンネン〔　〕

b キョジャク〔　〕

c シシュ〔　〕

d 座右〔　〕

e 固守〔　〕

語句

国粋主義…外来の思想、文化に影響されまいとする排他的な考え方。

ストイック…禁欲主義者。

屋台であったとは、これはまたあまりにも正直な、悲しい日本の告白であった。しかし笑いごとではない。このいい加減な東西文化の統一像こそ、和魂洋才の典型的な産物なのである。

□ (1) 傍線部①はどのようなことを言っているのか。わかりやすく説明しなさい。（8点）

□ (2) 傍線部②・③の作家の作品を次から選び、記号で答えなさい。（各3点）

ア 城の崎にて　**イ** 細雪　**ウ** あめりか物語
エ 金色夜叉　**オ** 高瀬舟　**カ** 刺青

□ (3) 傍線部④を説明している箇所を文中から四十字以内で抜き出しなさい。（句読点も含む）（8点）

□ (4) 空欄A・Bに入る言葉の適切な組み合わせを次から選び、記号で答えなさい。（8点）

ア A 洋魂　B 和魂　**イ** A 和魂　B 洋魂
ウ A 洋魂　B 洋魂　**エ** A 和魂　B 和魂

□ (5) 傍線部⑤の説明として適切なものを次から選び、記号で答えなさい。（10点）

ア 文化は民族固有の財産であるが、日本にはまだ西洋化してからの歴史も浅く固有のものがない。
イ 日本人が和魂に徹することも洋魂に徹することもできず、あいまいな状態でいる。
ウ 日本人が急激な西洋化のため「日本人」を演じきることができず、西洋と日本の間の緊張に疲れている。

解答欄

(1)

(2) ②　③

(3)

(4)

(5)

12 評論 歴史のなかのからだ —— 樺山紘一

鍋の耳とか、織地の耳とか、盆の耳とかいう。いずれも、器の縁にそって耳朶(じだ)*状の付加物をつける場合だ。耳殻は、直接は聴覚をささえず、したがってソウシツ(a)してもすぐに不便はないが、さりとてこれなしには、万一のときに聴覚が有効にはたらかない。そんな巧妙な用益こそ、耳という器官につかわしい。それは、器にも耳があるのだ。この言語感覚を大切にしたい。それは、いずれは人体を大事にすることにつながるから。そう理解すれば、目のほうにも、すぐれた感覚が付されている。（ 1 ）

台風には目がある。その目は隻眼(b)であるが、じつにくっきりとした目であることに、驚かされる。（ 2 ）だが器物の目とは、もっとべつの意味をもっている。列挙しよう。木目、折目、鋸(のこぎり)の目、碁盤の目……。（ 3 ）この場合の目とは、［A］標識点のことだ。そのような場合に、よりにもよってなぜ目という語をえらびもちいたのか。さらにつづけて、列挙しよう。①目次、目録、科目、綱目、題目、項目。みないずれもまったくの抽象概念として汎用(c)される。

この場合、漢字では眼とはいわず、目とかかれるのが鍵となろう。［B］よりははるかにソボク(d)な文字である［C］はまだ見る器官としての［D］と、見られる対象としての眼とを、区別していなかったようにみえる。［E］は、見る側にも見られる側にもある。いずれ、見る主体としての視覚器官が強調されるとき［F］はむしろ［G］とかかれる必要がうまれた。目次や題目は、［H］によって見られ、認識される対象のなかに没しているのだから。（ 4 ）

この仮説がもし当たっているとすれば、重大な命題*がひきだされる。眼尻(まなじり)を決して認識をモサク(e)する後世の人びとは、じつは視覚機能のもっとも狭量な所有者ということになる。神の目をもとめると称して、眼球ばかりの自己へむけて身体を切りさくものは、ひとの視覚器官たる目を失い、ついではその純化たる神の目をもとりにがすことになろう。存在の核心を見通すと自負する眼球は、焦点をあわせなおして、木目や鋸の目を数えるところから始めたらよい。器物にきざまれた目には、人間の目の秘密が、知らずしらずのうちに宿されているのだから。

（ 月 日）

時間 25分

得点

解答・別冊8ページ

漢字（各2点）

a ソウシツ 〔　　〕

b 隻眼 〔　　〕

c 汎用 〔　　〕

d ソボク 〔　　〕

e モサク 〔　　〕

語句

耳朶…みみたぶ。

命題…一つの題目に関する判断を客観的にことばで表したもの。多くの場合判断（断定）と同じ意で用いられる。

□(1) 空欄Aに入る適切なものを次から選び、記号で答えなさい。（8点）

ア 木や紙などの物質を利用する際に手掛かりとなる
イ 物事を数学的に分類、利用するために必要となる
ウ 物質を美的に捉え、芸術品製作のために使われる
エ 物事に区切りと順序を与え、整理していくときに使用される

□(2) 傍線部①と同じ意味合いで使われているものを次から選び、記号で答えなさい。（6点）

ア 目前　イ 目測　ウ 節目　エ 反目　オ 頭目

□(3) 空欄B～Hには、「目」または「眼」のいずれかが入る。それぞれどちらかを入れなさい。（各1点）

□(4) 次の文は、空欄1～4のうち、どこに入るか。記号で答えなさい。（7点）

目もまた、さまざまな器物にあてがわれているからだ。

□(5) 筆者は「目」と「眼」をどのように区別しているか。それぞれの働きを、本文の言葉を使って十五字以内で答えなさい。（句読点も含む）（各6点）

解答欄

(1)

(2)

(3) B　C　D　E　F　G　H

(4)

(5) 目　眼

13 評論 Daisetz SUZUKI —— 福岡伸一

時間 25分　得点

解答・別冊8ページ

世界は、ある時点から言葉によって成り立つようになった。言葉によって軸が引かれ、切り分けられ、意味がaチュウシュツされるようになった。プラトンやソクラテスが現れ、ロゴス、つまり言葉で論理（ロジック）が組み立てられた。それが客観的とされた。西洋社会は基本的にすべて①言葉による客観的世界で成り立っている。

米国で生活していると、しばしば言葉に疲れることがある。それは英語が外国語であるという理由からだけではない。米国では沈黙は［A］ではない。自分が何者なのか、この問題についてどう考えるか、賛成か反対か、絶えず言葉でものごとを語らねばならない。しかし、客観的世界というのは、実は言葉が切り取った＊恣意的な図式にすぎない。いわば言葉を共有する者たちによる共同のb幻想のようなものだ。②つまり客観的なものこそもっとも主観的なのである。

言葉以前の世界というものがかつてあった。プラトンやソクラテスよりもずっと前、すべてのものは互いに関係し合い、交じり合い、自他の区別もc曖昧な、自然（ピュシス）があった。言葉がその自然を刈り取り、仕分けし、整地した。そのことによって世界が本来的に持っていたある種の豊かさが失われた。ピュシス（physis）とは、本来、ここにある、＊混沌（こんとん）とした、同時に豊かさに満ちあふれた自然を指す曖昧な概念であったが、やがて言葉と論理による整理によって、生理学（physiology）や物理学（physics）へと変質をdトげていった。

東洋世界でも③同じことが言えるのではないか。初源的な仏教ではすべてのものに生命の存在を認め、それは互いに関係し合っているものとみなした。それがeジョジョに言葉によって、倫理や道徳、あるいは極楽と穢土（えど）といった二元論による分断に導かれるようになっていった。＊老荘思想にも、自然は本質的に混沌としたものであったにもかかわらず、そこに目と耳と鼻と口を穿（うが）ったことによって、つまり言葉による命名を行ったがゆえに、混沌の生命は失われてしまったとしている。

＊大拙（だいせつ）の説く無心、あるいは禅の思想とは、言葉以前の世界にもう一度立ち返ろうとするものだと私は感じる。言葉を使ってものごとを計算し、言葉を使って自然を考える前の世界。④興味深いことは、大拙が「無心」を英語で説明するとき、これをchildlikenessと訳していることだ。つまり子どものような心。

漢字（各2点）

a　チュウシュツ　〔　　　〕
b　幻想　〔　　　〕
c　曖昧　〔　　　〕
d　トげて　〔　　　〕
e　ジョジョ　〔　　　〕

語句

恣意的…論理的な必然性がない様子。
混沌…全てが入りまじり、区別ができない状態。
老荘…老子と荘子。
大拙…（Daisetz SUZUKI）…鈴木大拙。仏教学者。
人間は考える～…フランスの思想家パスカルの言葉。
公案…禅宗で、悟りをひらくための課題。

《人間は考える葦である。だが、人間の偉大な仕事は彼が計算していない時、考えていない時になされる。無心（childlikeness）が永年にわたる自己忘却の修練ののちに回復されねばならぬ。》（『鈴木大拙全集［増補新版］第35巻』）

禅の中には、言葉はつくりものだという思考がある。だから禅が言葉で語れないのは当然だ。けれども私たち人間が言葉をあやつり、言葉で考える動物である以上、なんとか言葉で語る努力をしなければならない。

⑤そこで生まれたのが禅問答や公案のような言葉の形式だったのではないだろうか。一見、ロジカルではない。しかし真実を言い当てる間接的な方法としてそれらは編み出された。そんな風に思える。

□ (1) 空欄Aに入る言葉を、漢字一字で書きなさい。（4点）

□ (2) 傍線部②とあるが、どういうことか。「言葉」という語を用いて簡潔に説明しなさい。（8点）

□ (3) 傍線部③とあるが、どういうことか。西洋と東洋においてそれぞれ失われたものに着目して、簡潔に説明しなさい。（8点）

□ (4) 傍線部④とあるが、この大拙の訳から、大拙は「無心」とはどのようなものであると考えていることがわかるか。簡潔に説明しなさい。（10点）

□ (5) 傍線部⑤とあるが、筆者は禅問答や公案はなぜ生まれたと考えているか。簡潔に説明しなさい。（10点）

解答欄

(1)

(2)

(3)

(4)

(5)

14 小説 私は生きる —— 平林たい子

時間 25分　得点　〔　月　日〕

解答▶別冊9ページ

「ねえ、お願い、灯を暗くして——」

夫は電気スタンドをふろしきで掩(おお)って、その下で頁(ページ)を[a]繰ったた。しかしそれでも淡いあかりは低い天井ややけた畳の目を［ A ］照らした。

「ねえ、お願い、もっと暗くして」

という①私の心臓は光さえ見ればやたらに駈(か)け出す野馬のようで手におえなかった。

「そんなに暗くしたら、字はかけないじゃないか！　これが飯の種*なんだぞ」

とうとう夫は[b]憤り出した。しかし暗くするだけならまだしも②だった。ときどき私は動く人間というものさえ[c]シンケイに支え切れなくなって、

「ねえお願い、三十分ばかり外に出ていてくれない」

と言いはじめた。

「③俺は物好にこんなことをしているんじゃないぞ。一体、どういう気持ならそういうことが言えるんだ。お前はそんなことをいうとき、俺に気の毒だという気持は起(おこ)らないのか」

「起らないわ……」

私は例によって細い消え入るような声で、しかし④しっかりと答えた。

「起らないって！　それは何故だ」

夫は呆(あき)れて私の方を見やった。

「貴方(あなた)には気の毒だけれどもね、人は病気にかかったら直す権利があるんだわ。仕方ないわ……」

涙はこの言葉の[d]バンソウとしてぱらぱらと落葉のように落ち散った。所がまた⑤この言葉は一掬(すく)いで夫の足を掬う力をもっているのだった。夫はますます驚いて私の顔を見直したものの何かの正面切った大義名分の理念に一と打ち打ちのめされたらしく気を取り直して更に暗くする工夫をしてから、時計やが時計の部分を照らすような[e]セマいあかりの中でジイジイとペンを走らせるのであった。

漢字（各2点）

a 繰った〔　　〕

b 憤り〔　　〕

c シンケイ〔　　〕

d バンソウ〔　　〕

e セマい〔　　〕

語句

飯の種…生計を立てるための収入源。

□(1) A に入る言葉を次から選び、記号で答えなさい。（4点）

ア ほのぼのと　**イ** あかあかと

ウ しみじみと　**エ** こうこうと

□(2) 傍線部①とあるが、どのような様子をたとえているか。説明しなさい。（8点）

□(3) 傍線部②とあるが、どのようなことを言っているのか。適切なものを次から選び、記号で答えなさい。（6点）

ア 暗くしても「私」の体調がよくならなかったということ。

イ 時間的にまだ灯を暗くする必要はなかったということ。

ウ 暗くしろという程度の要求ならましであったということ。

エ 夫がどのような理不尽な言い分も受け入れてくれたこと。

□(4) 傍線部③とあるが、夫はどのようなことを言っているのか。説明しなさい。（8点）

□(5) 傍線部④とあるが、このときの「私」の心情として適切なものを次から選び、記号で答えなさい。（6点）

ア 夫を言い負かしたくて攻撃的になっている。

イ 夫に心配をさせたくなくて気を遣っている。

ウ 夫に無理をさせ内心は申し訳なく思っている。

エ 自分には当然の権利だと自信を持っている。

□(6) 傍線部⑤とあるが、どういうことか。説明しなさい。（8点）

解答欄

(1)

(2)

(3)

(4)

(5)

(6)

〔　月　日〕

15 小説 令嬢アユ ―――― 太宰治

時間 25分　得点

解答▶別冊10ページ

かれが伊豆に出かけて行ったのは、五月三十一日の夜で、その夜は宿でビイルを一本飲んで寝て、翌朝は宿のひとに早く起こしてもらって、釣り竿をかついで[a]ユウゼンと宿を出た。多少、ねむそうな顔をしているが、それでもどこかに、ひとかどの［A］を示して、夏草を踏みわけ河原へ向かった。草の露が冷たくて、いい気持ち。土堤（どて）にのぼる。松葉牡丹が咲いている。姫百合が咲いている。ふと前方を見ると、緑いろの寝巻を着た令嬢が、白い長い両脚を膝よりも、もっと上まであらわして、素足で青草を踏んで歩いている。清潔な、ああ、［B］。十メエトルと離れていない。

「やあ！」佐野君は、[b]ムジャキである。思わず［C］を挙げて、しかもその透きとおるような柔らかい脚を確実に指（ゆび）さしてしまった。令嬢は、そんなにも驚かぬ。少し笑いながら裾をおろした。これは日課の、朝の散歩なのかも知れない。佐野君は、自分の、指さした右手の処置に、少し困った。初対面の令嬢の脚を、指さしたり等して、失礼であった、と［D］した。「だめですよ、そんな、――」と㊀意味のはっきりしない言葉を非難の口調で呟いて、颯（さ）っと令嬢の傍をすり抜けて、後を振り向かず、いそいで歩いた。[c]躓いた。こんどは、ゆっくり歩いた。

河原へ降りた。幹が一抱え以上もある柳の樹陰に腰をおろして、釣り糸を垂れた。釣れる場所か、釣れない場所か、それは問題じゃない。他の釣り師が一人もいなくて、静かな場所ならそれでいいのだ。釣りの妙趣*は、魚を多量に釣り上げる事にあるのでは無くて、釣り糸を垂れながら静かに四季の風物を眺め楽しむ事にあるのだ、と露伴先生も教えているそうであるが、佐野君も、それは全くそれに違いないと思っている。もともと佐野君は、文人としての魂魄*を練るために、釣りをはじめたのだから、釣れる釣れないは、いよいよ問題でないのだ。静かに釣り糸を垂れ、もっぱら四季の風物を眺め楽しんでいるのである。水は、[d]囁きながら流れている。鮎が、すっと泳ぎ寄って蚊針をつつき、ひらと身をひるがえして逃れ去る。素早いものだ、と佐野君は［E］する。対岸には、紫陽花（あじさい）が咲いている。竹藪の中で、赤く咲いているのは夾竹桃（きょうちくとう）らしい。眠くなって来た。

「釣れますか？」女の声である。

漢字（各2点）

a ユウゼン〔　　〕

b ムジャキ〔　　〕

c 躓いた〔　　〕

d 囁き〔　　〕

e ものウげ〔　　〕

語句

妙趣…すぐれたおもむき。妙味。

魂魄…人間のたましい。霊魂。

もの<u>ウゲ</u>[e]に振り向くと、先刻の令嬢が、白い簡単服を着て立っている。肩には釣り竿をかついでいる。

「いや、釣れるものではありません。」㊁<u>へんな言いかた</u>である。

「そうですか。」令嬢は笑った。

□ (1) 空欄Aに入る言葉を次から選び、記号で答えなさい。（4点）

ア 文人墨客の風情　**イ** 雲中白鶴の趣

ウ 風騒の士の構え　**エ** 隠君子の心境

□ (2) 空欄B～Eに入る言葉をそれぞれ次から選び、記号で答えなさい。（各2点）

ア 後悔　**イ** 感心　**ウ** 綺麗　**エ** 喚声　**オ** 歓声

□ (3) 傍線部㊀について、佐野君の気持ちを説明した次の文中の空欄A・Bに入る適切な言葉を答えなさい。（各4点）

［A］というぶしつけな行為を何とか［B］とする気持ち。

□ (4) 傍線部㊁について、次の問いに答えなさい。

① 「いや、釣れるものではありません。」という言い方のどういう点がへんなのか。答えなさい。（6点）

② 「佐野君」にとっては、その言い方がなぜ当然なのか。「佐野君」の釣りに対する気持ちを踏まえて答えなさい。（6点）

□ (5) 作者「太宰治」について、次の問いに答えなさい。

① 坂口安吾らとともに、世相を批判する作品を多く発表したグループの名を何派というか。漢字で答えなさい。（4点）

② 太宰治の作品を次からすべて選び、記号で答えなさい。（完答4点）

ア 津軽　**イ** 山椒魚　**ウ** 檸檬

エ 風立ちぬ　**オ** 細雪　**カ** 人間失格

解答欄

(1)

(2) B　C　D　E

(3) A　B

(4) ①　②

(5) ①　派　②

〔　月　日〕

時間 25分　得点

解答▸別冊10ページ

16 随筆 色と糸と織と ―― 志村ふくみ

私も正月あけから、*憑(つ)かれたように染めに明け暮れています。寒の水で染めたいということもあるのですが、二月に梅林を持っている方から、トラック一杯梅の枝をいただきました。〈中略〉

枝を折ってみますと、折口も紅いのです。きよらかな紅が少しの酸でうるんだような、[a]ジュクセイした梅の果肉の一部にもこんな色を見ることがありますが、折口のその紅色をみた時、①私はその色をこちら側に宿したい思いがしました。咲かずに切りとられた幾千の梅の蕾を私は［A］と思いました。

白梅と、紅梅にわけて、釜に盛り上がるほどの枝を煮出しました。煮上がった液はまるで梅酒のような*琥珀(こはく)色です。白梅の方がいくらかうすいようでした。その液に糸をつけると、青みの底光りする[b]アワい珊瑚色に染まりました。

トラックに一杯あった梅の枝の半分以上は、焼いて灰にしました。梅には梅の、桜には桜の灰で*[c]媒染するのが最もよいとされているのですが、なかなかそんな条件に恵まれませんでしたが、今回はたっぷり灰がとれました。灰に熱湯を注いで上澄液をとり、その[d]灰汁に糸をつけますと、②梅は自身の灰の中でやすらいでいるようでした。次第に青みが消え、和紙をとおして光が透けてくるように紅みがさしました。［B］少女の頰に紅のさすような珊瑚色でした。梅は梅の母胎にかえり、蕾はひらいたかと思われました。

以前桜でも③そういう思いをしたことがありました。まだ折々粉雪の舞う小倉山の[e]麓で桜を切っている老人に出会い、枝をいただいてかえりました。［C］煮出して染めてみますと、ほんのりした樺桜のような桜色が染まりました。

その後、桜、桜と思いつめていましたが、桜はなかなか切る人がなく、たまたま九月の台風の頃でしたが、滋賀県の方で大木を切るからときき、喜び勇んででかけました。［D］、その時の桜は三月の桜と全然違って、④匂い立つことはありませんでした。

そのときはじめて知ったのです。桜が花を咲かすために樹全体に宿している命のことを。一年中、桜はその時期の来るのを待ちながらじっと貯めていたのです。

漢字（各2点）

a ジュクセイ〔　　〕

b アワい〔　　〕

c 媒染〔　　〕

d 灰汁〔　　〕

e 麓〔　　〕

語句

憑かれる…鬼神・霊などに言動が支配されるようになる。

琥珀…植物の樹脂が化石化したもの。黄または茶黄色で、透明または半透明。

媒染…染料が繊維によく染まるように、ある種の薬品を用いる染色法。

知らずしてその花の命を私はいただいていたのです。［E］私は桜の花を、私の着物の中に咲かせずにはいられないと、その時、桜から教えられたのです。

□(1) 空欄Aに入る言葉を次から選び、記号で答えなさい。（4点）
ア 見てみたい　**イ** 抱きたい　**ウ** 描きたい
エ 大切にしたい　**オ** 夢見たい

□(2) 空欄B～Eに入る言葉をそれぞれ記号で答えなさい。（各2点）
ア 早速　**イ** しかし　**ウ** まるで　**エ** それならば

□(3) 傍線部①は具体的にどのようにしたいということか。（6点）

□(4) 傍線部②は何がどういう状態にあることを比喩としているのか。適切なものを次から選び、記号で答えなさい。（4点）
ア 梅が眠ってしまったかのように、糸の色が薄くなり、消えていきそうなこと。
イ 糸の色がゆっくりと変化していき、自然に紅みがさしていったこと。
ウ 糸が灰汁の中にはいると、急激に変化が進み、あっという間に紅くなったこと。
エ 液の中の糸が、ゆらゆら揺れて、踊っているように楽しそうなこと。

□(5) 傍線部③はどういう心情を意味するのか。文中からそれを説明している箇所を抜き出しなさい。（6点）

□(6) 傍線部④の理由を答えなさい。（6点）

□(7) 傍線部⑤について、「桜の花を、私の着物の中に咲かせ」るとは、具体的には何をどうすることか答えなさい。（6点）

解答欄

(1)

(2) B　C　D　E

(3)

(4)

(5)

(6)

(7)

章末問題

評論　意味という病 ―― 柄谷行人

時間 35分　得点　〔　月　日〕

解答・別冊11ページ

一般にわれわれのいう夢は、外側から見た夢すなわち記憶としての夢にほかならないので、①「夢の世界」そのものとは縁もゆかりもないといわねばならない。同じことが、狂気や未開の思考についていえないだろうか。狂人は苛酷なほど明瞭な観念に苦しんでおり、けっして非現実的な空想に耽(ふけ)っているのではない。彼は「現実の世界」よりずっと強烈にリアルな世界にすんでいて、その「世界」の軛(くびき)からのがれることもできないのだ。外側からみれば幻聴だとしても、当人にとってはどんな現実の声よりも明瞭で強迫的である。

　迫害妄想[a]をもつ病者は、たとえば彼をチュウショウ[b]する他者の声を聞く。しかし、実は彼は他者の声を「聞く」のではない。もし現実の声であるならば、［A］。すなわち、われわれはそれに対してさまざまな対応が可能であり、黙殺することも反撥(はんぱつ)することもできる。あるいは耳を下ざす[c]こともできる。しかし、病者においては、その声に対する「距離」をもつことができない。その声は圧倒的な実在であって、彼はあまりにリアルな世界のなかに生きるほかないのである。そのようにあまりにリアルな世界をさして、われわれは狂気とよぶのであって、狂気の「世界」はクリエイティヴな空想世界どころではなく、その逆に現実よりもはるかにきわだって現実的な世界というべきである。

　②未開の「世界」についても同様のことがいえるだろう。人類学者はそこにすみこんで観察することはできるが、そこで生きることはできない。③もしできたとしても、そのとき彼は人類学者ではない。私は人類学自体には関心をもつが、それを文明史・文化史的なタームにおきかえた比喩的な発想には何の関心もない。それは単純な錯覚にもとづいているのであって、たとえば狂気の思考の「独創性」にのみ注意をむけて、その「世界」のぬきさしならぬつらさを無視しているのだ。むしろこういいかえるべきかもしれない。われわれが夢、狂気、未開の思考にあこがれているのは、それらの世界が自由奔放だからではなく、あまりに苛酷な明瞭なリアルな世界だからではないのか。④シュールレアリスムの運動は現実が世界大戦というきびしい時代になったとき意味をうしなってしまった。なぜなら、現実の世界の方がそのとき「夢の世界」に近づいてしまったからである。そう考えてみると、われわれの夢、狂気、未開の思考に対する関心は、われわれがあいまいでぼんやりとした「現実」しかもちえていないことのあらわれであるといえなくもない。

　「夢の世界」についての錯覚は本質的には夢と無縁な幻想小説のたぐいを生みだしている。たとえば、グロテスク文学について考えてみてもよい。われわれはグロテスクなイメージを書きならべた作品に、「グロテスクなもの」を経験するだろうか。カイザー*は『グロテスクなもの』のなかで、グロテスク文学の外面的キカイ[d]さを自由奔放な空想に帰(き)する近代的解釈をしりぞけて、それをいわば内側からみようとしている。

グロテスクなものの本質としてわれわれに明らかとなったのは、拘束のない独自の世界やまったく自由奔放な空想がまるで存在しないということである。グロテスクな世界はわれわれの世界なのである――それが現にあるわけではないが。微笑とまじりあった恐怖が起こるというのも、われわれに親密な、みかけでは秩序整然としているこの世界が、深淵からの勢力の侵入によって疎外され、支離滅裂となって、その諸秩序が混乱するということを経験するからにほかならない。

B、とカイザーはいっているのだが、ここにも私が夢についてのべたのと同じ事情が存している。つまり、内側からみたグロテスクと外側からみたグロテスクがあるので、絵画・文学におけるグロテスクなヒョウショウ(e)は必ずしもグロテスクな経験と結びつかないのである。しかし、カイザーはこの点の区別をはっきりさせていない。

今日たとえば泉鏡花をカイザーらの理論に照らして過大に評価する傾向があるが、私は同意できない。私の考えでは、「グロテスクの経験」を本当にもったのは、鏡花よりむしろ『夢十夜』や『吾輩は猫である』を書いた漱石である。『道草』のようにリアリスティックな小説に露出するグロテスクな感触は、漱石の生の存在論的な亀裂からきている。重要なのは、⑤漱石がグロテスクな経験から逃れようと必死になっていることであって、それは当然の反応といわねばならない。グロテスクなものを趣味とするのは、実はグロテスクな体験と本質的に無縁だからにすぎない。それは狂気のつらさ、未開社会の苛酷さを知らずに、それらに憧れるのと同じことだ。

グロテスクなイメージをこれでもかとばかりつめこんだ小説が一向面白くないのは、夢の雰囲気をもたないのに夢らしく仕立てあげた小説が一向面白くないのと同じで、そこにはせいぜい「恐ろしい自由奔放な空想世界」があるにすぎない。要するに、ここにはある重要なファクターが欠落している。それは「現実の世界」こそ「夢の世界」にほかならないという認識であって、いいかえれば、それはきわめて倫理的な問題、人間の存在条件と切りはなすことのできない問題なのである。

＊カイザー…ヴォルフガング・カイザー。ドイツの文芸学者。著書に『文芸学入門』など。

□ (1) 点線部a～eのカタカナは漢字で、漢字は読み方をひらがなで書きなさい。(各1点)

a	b	c
d	e	

□ (2) 傍線部①について、一般にわれわれが夢と呼んでいるものは、「『夢の世界』そのものとは縁もゆかりもない」ことが述べられている。こうした夢との共通点という視点から狂気について述べている一文を抜き出し、最初の五字を答えなさい。(5点)

□(3) 空欄Aに入る言葉を次から選び、記号で答えなさい。(5点)

ア それはわれわれの外側か内側かにある。
イ それはわれわれの脳の内側にある。
ウ それはわれわれの外側にも内側にもない。
エ それはわれわれの外側にある。

ウ 未開社会に生きることは、その世界にすっかり入り込むことであって、もはやそれを観察の対象として外側から見ることができなくなってしまうから。
エ 未開社会に生きることは、その世界の奔放な自由を自分のものにすることであり、もはやそんな夢の世界から厳しい現実には戻れなくなってしまうから。

□(4) 傍線部②は、どういうことか。適切なものを次から選び、記号で答えなさい。(5点)

ア クリエイティヴな発想による空想世界だということ。
イ 文明史・文化史的に価値のある作業だということ。
ウ 未開の世界は、苛酷で明瞭なリアルな世界だということ。
エ 「独創性」に満ちた世界だということ。

□(6) 傍線部④とは「超現実主義」と訳される芸術運動であり、シュールレアリスムの作家たちは、意識や理性から解き放たれた夢の世界や、偶然性を重視した。こうしたシュールレアリスムの運動が意味を失った理由を、筆者はどう考えているか。五十五字以内で答えなさい。(10点)

□(5) 傍線部③は、どういう意味か。適切なものを次から選び、記号で答えなさい。(5点)

ア 未開社会に生きることは、夢の世界に入り込むことであり、どんな人にとっても、どれが現実でどれが夢なのかわからなくなってしまうから。
イ 未開社会に生きることは、その世界の狂気の世界に入り込むことであって、もはやそれは人類学者の手におえる世界ではなくなっているから。

□(7) 空欄Bに入る言葉を次から選び、記号で答えなさい。(5点)

ア「グロテスクな世界」は空想上の世界の秩序が混乱するところから生まれるのだ

イ「グロテスクな世界」はわれわれの世界そのものだという解釈は、曖昧に過ぎる

ウ「グロテスクな世界」は「現実の世界」の自由奔放さを常に批判し続けている

エ「グロテスクな世界」は空想上の世界ではなく、「現実の世界」そのものだ

□(8) 傍線部⑤について、漱石はグロテスクなものにどのように反応したというのか。適切なものを次から選び、記号で答えなさい。（5点）

ア 漱石は、自分自身の生の亀裂から生じるグロテスクなものからなんとか逃れようとした。

イ 漱石は、真の意味で「グロテスクな体験」を持ち、グロテスクなものを趣味とした。

ウ 漱石は、未開社会のグロテスクなものを知らないゆえに、それから逃れようとした。

エ 漱石は、狂気のグロテスクさを知っていたので、それをわざと小説に露出していった。

□(9) この文章の筆者の主張として適切なものを次から選び、記号で答えなさい。（5点）

ア「現実の世界」こそ「夢の世界」にほかならないという認識は、やや時代遅れになりつつある。

イ 狂気とは完全に非現実的な空想の世界であり、現実の世界よりも苛酷ではなく、リアルでもない。

ウ 狂気においては、外側からみて幻聴と呼ばれる声が、逃れられない現実としてあらわれるわけではない。

エ 夢の世界がきわめて自由奔放で創造的な世界であると考える態度には、錯覚が存在している。

17 評論　坐(ざ)の文明論 ―― 矢田部英正

〔　　月　　日〕

時間 25分　得点

解答▶別冊12ページ

すわる姿勢のケイタイ[a]は、多くの場合、その社会で歴史的に伝承されてきた文化情報を豊かに含んでいる。また、食事や入浴、洗顔、シュウシン[b]、あるいは労働や学習時の作業姿勢など、日常動作の仕方には、日々くり返されるなかで一定のスタイルがつくられている。そのルーティーン化された無形の動作はいずれも、それをおこなう人々の感覚や思考の動きが集約された㈠身体文化としての側面をもっている。

たとえば部屋のなかでは「靴を脱ぐ」という日本人の習慣は、「床に坐(すわ)る」ということと密接に関連した身体文化である。正坐(せいざ)にせよ、胡坐(あぐら)にせよ、床に坐って自分の居場所を定めるときにはかならず履物を脱ぐことが、日本では古来の原則となってきた。そして鼻緒につま先をつっかける履物のスタイルも、それらを頻繁[c]に脱着することがもとめられる生活の必然から、おのずと定型化された文化様式であり、坐と空間と履物のスタイルはひとつながりの身体文化のなかで結ばれている。㈡古来伝承されてきた立居振舞いの論理は、このように物質文化の様式と密接に結びつきながら、身のまわりの世界を感覚し、そこから思考を組み立て、物事を認識する素地[d]の役割をはたしている。

からだの動きにこうした秩序をもつことを、日本語では「作法」というが、そもそも「法」という言葉は仏教用語であり、パーリ語のdharmaに由来する。ちなみに釈迦(しゃか)の悟りは「法」の自覚にあったと伝えられるが、「法」を「作る」ことを意味する「作法」の原義は、万物に内在する「自然の理法」を再創造することと理解される。したがって、身体の動きが、自然本来の秩序を取り戻すとき、わたしたちはからだの実感として「法」をおのずから体得することができる、という思想が仏教的な修行の根幹にはあり、そうした動きを導くテクストとして、「道具」は物事の「道理」を「具(そな)える」役割をはたす。

㈢日本語における道具と身体の関係をギンミ[e]していくと、それらは「自然の理法にしたがう」という共通の秩序によって結ばれていて、物質文化と身体技法とは、互いの様式に内在する「自然性」を見極めるときに、内にも外にも開かれた「法」の自覚へと導かれるよう意図してデザインされてきたのである。

漢字（各2点）

a ケイタイ〔　　〕

b シュウシン〔　　〕

c 頻繁〔　　〕

d 素地〔　　〕

e ギンミ〔　　〕

語句

伝承…集団の中でしきたりや言い伝え、風習を後世に伝えていくこと。

立居振舞い…立ったり座ったりの身のこなし。

秩序…物事を行うときの正しい筋道。

体得…体験を通して自分のものにすること。

□ (1) 傍線部㊀とあるが、これについて次の問いに答えなさい。

① これはどのようなものか。次から選び、記号で答えなさい。（8点）

ア 感覚や思考の動きを表現するために生み出された動作が、繰り返されることによって定着したもの。

イ 生活のなかで繰り返される動作が、伝承された文化情報を含んで一定のスタイルを作り上げたもの。

ウ 日常のなかでルーティーンとなった動作が次第に洗練され、新しい感覚や思考をつくり出したもの。

エ 労働や学習における日常動作に感覚や思考を反映させることで、歴史的な伝承が可能になったもの。

② 具体的にはどのようなものであるか。文章中の例を挙げながら説明しなさい。（12点）

□ (2) 傍線部㊁とあるが、立居振舞いと物質文化が結びついた例として最も適切なものを次から選び、記号で答えなさい。（8点）

ア 伝統的な日本の家屋は隣の部屋との仕切りに障子を用いて自在に取り外しができるため、四季の変化に敏感になった。

イ 食事に箸を用いることによって日本人は手先が器用になり、細やかな伝統芸能をさまざまに生みだした。

ウ 島国で海外との交流が少なく日本人同士の親交が密であったため、和の精神を重んじて他者との同化が求められた。

エ 田植えで中腰の姿勢での腰の負担を軽減するため帯で腰を固定して他の部分は動かしやすい着物が生みだされた。

□ (3) 傍線部㊂とあるが、道具と身体はどのように関わり合うのか。「秩序」「法」という言葉を用いて説明しなさい。（12点）

解答欄

(1) ①

②

(2)

(3)

18 小説 一茶 ―― 藤沢周平

時間 25分　得点

〔　月　日〕

解答▶別冊12ページ

―①百姓の地声か。

一茶はぼんやりと机の上に眼を投げながら、さっき成美（なるみ）が言った言葉を思い出していた。成美は、一茶の句が変わってきたことを正確にシテキ[a]したが、なぜ変わったかまでは見抜けなかったようだと一茶は思った。あの人が旦那*だからだと思った。

言いたいことが、胸の中にふくらんできて堪えられなくなったと感じたのが、二、三年前だった。江戸の隅に、日々の糧に困らないほどの暮らしを立てたいという小さなのぞみのために、一茶は長い間、言いたいこともじっと胸にしまい、周りに気を遣い、頭をさげて過ごしてきたのだ。その辛抱が、胸の中にしまっておけないほどにたまっていた。

だが、②もういいだろうと一茶は不意に思ったのだ。四十を過ぎたときである。のぞみが近づいて来たわけではなかった。若いころ、少し辛抱すればじきに手に入りそうに思えた③それは、むしろかたくなに遠ざかりつつあった。それならば言わせてもらってもいいだろう、何十年も我慢してきたのだ、と一茶は思ったのである。④世間にも自分自身にも言いたいことは山ほどあった。中でも貧こそ滑稽で憎むべきものだった。それは長い間一茶をつかまえてじっと放さなかったものだった。一茶が貧と、貧乏に取りつかれた自分を罵り[b]嘲る[c]ことから始めたのは当然だった。

秋の風[A]は我を見くらぶる、と詠んだとき、一茶は胸郭の中で、響き合う哄笑*（こうしょう）の声を聞いた気がしたのだった。[B]の笑いだった。成美は一茶の句の変化を面白いとも言ったが、それよりはむしろ懸念*の方を語りたかったように見えた。

成美は正確に見ている、と一茶は思う。新しい傾向の句は、句のコウセツ[d]を越えて、内側から押し出して来ようとする。押さえきれずに衝きあげてきて、時にはほとんど句のあるべき形さえ破ろうとするのである。成美のお気に召さなかったのは当然だった。〈中略〉

胸中のものを吐き出して、それで気が晴れるのかといえば、そうでもなかった。むしろその裏側に、[C]の

漢字（各2点）

a シテキ〔　　〕

b 罵り〔　　〕

c 嘲る〔　　〕

d コウセツ〔　　〕

e トロウ〔　　〕

語句

旦那…商家で、家人や雇い人がその主人をさす語。（成美は俳人で、かつ裕福な商人。）

哄笑…大声で笑うこと。声高く笑うこと。

懸念…気にかかって不安に思うこと。

思いがぺたりと貼りつくようでもあった。自嘲の句を吐き出すとき、同時にトロウ[e]に似たこれまでの人生が見えてくるのである。そういうとき、はげしい無力感が一茶を襲った。

□(1) 傍線部①の説明として適切なものを次から選び、記号で答えなさい。（5点）

ア 借り物でない自分の言葉で句を作ること。
イ 身分の低い者の立場に立って句を作ること。
ウ 百姓が普段使う言葉で句を作ること。
エ 教養が低いので句の用語が未熟で幼稚なこと。

□(2) 傍線部②は何がもういいというのか。十五字以内で答えなさい。（8点）

□(3) 傍線部③が指す内容を具体的に書いてある部分を三十五字以内で抜き出し、最初と最後の五字を答えなさい。（7点）

□(4) 空欄Aに入る言葉を次から選び、記号で答えなさい。（4点）

ア となり　**イ** かかし　**ウ** 乞食　**エ** 旦那　**オ** 仲間

□(5) 空欄Bに入る言葉を本文中から漢字二字で抜き出しなさい。（5点）

□(6) 空欄Cに入る言葉を次から選び、記号で答えなさい。（4点）

ア 嫉妬　**イ** 優越　**ウ** 混沌　**エ** 虚無　**オ** 退屈

□(7) 傍線部④について、この時一茶の「言いたいこと」を込めた句を次からすべて抜き出し、記号で答えなさい。（完答7点）

ア 是（これ）がまあつひの栖（すみか）か雪五尺
イ ちる花や已（すで）におのれも下り坂
ウ 斯（こ）う居るも皆骸骨ぞ夕涼み
エ 目出度さもちう(中)位成おらが春

解答欄

(1)

(2)

(3) 〜

(4)

(5)

(6)

(7)

19 評論 哲学の現在―― 中村雄二郎

（月　日）

時間 25分　得点

解答・別冊13ページ

　私たちがなにかの出来事に出会い、①自分で、自分の躯（からだ）で、抵抗物をうけとめながら振舞うとき、はじめて経験は経験になる。これはなにも、旅行にいったり景色を見たりすることにかぎらず、もっと一般的に経験についていえるところではなかろうか。また、そのことは、もう少し一般的に経験について考える手掛りになるのではなかろうか。まず、自分でというのは、aタリツ的にあるいは受動的にではなく、自分の意志で、あるいは能動的にということである。次に、自分の躯でというのは、抽象的あるいは観念*的にではなく、身を以（もっ）て、身体をそなえた主体としてということである。そして最後の、抵抗物をうけとめながらというのは、環境や状況に簡単にbジュンノウして、いわば現実の上を滑っていくのではなく、現実が私たちへの反作用としてもたらす抵抗を、私たちを鍛えるための、また現実への接近のためのなによりのよすが*として、ということである。

　この三つは、経験を経験たらしめるものとして、いずれも重要な要因である。しかしこれらは、ばらばらにあるいはcヘイレツ的にあるのではない。第一の自分であるいは能動的にということは、出発点となる基本的な要因である。私たちの振舞いにまったく能動性がなければ、どんなに多くの出来事に出会っても、それらは私たちの経験にはならない。多くのことを見たり、したりしても、それだけでは経験にならない。能動性は基本的な要因である。ただ、この能動性ということを私たちの持続した生の具体性のなかで考えてみると、②ことの在り様は必ずしも簡単ではない。というのは、個人の、意志にもとづく能動性、精神の能動性は、現実生活のなかでは、たえず持ちつづけることができないだけでなく、そのままでは抽象的なものにとどまるからである。必要なのは身体によって持続的に支えられた能動性である。受動的なときもあるにせよ、それを含めて持続のなかで保たれる能動性である。

　こうして第一の自分で或（あ）いは能動的には、第二の自分の躯で或いは身体をそなえた主体としてに結びつき、いっそう具体化されることになる。身体をそなえた主体として在ることによって、私たちは受動性からd免れるのではない。むしろ私たちは、受動性のeコクインを帯びたパトス*的、つまり情念的・受苦的な存在になるのである。③能動性や主体性を脅かされやすい存在になるのである。パトス性を免れられないことによって、私たち

漢字（各2点）

a タリツ〔　　〕

b ジュンノウ〔　　〕

c ヘイレツ〔　　〕

d 免れる〔　　〕

e コクイン〔　　〕

語句

観念的…頭の中だけで考え、組み立てる様子。

よすが…よりどころ。たよりにする手段や方法。

パトス…欲情・怒り・喜びなどの、一時的な感情状態。

試煉…つらく困難なこと。

は現実の矛盾のなかを、あちらこちらに突きあたりながら生きざるをえなくなるだろう。しかしその結果、私たちの能動性や主体性は脅かされもするが、逆にそれを試煉(しれん)*とすることによってかえって強化されもするので④はなかろうか。逆境のなかにあって能動性を失わずに生きつづけることができれば、それ自身すぐれて能動的であることのしるしであるといえよう。いわゆる逆境でなくとも、することなすことが思うにまかせず、また心ならずも物事を不必要にめんどうにすることも少なくないのが、私たち人間である。

パトス性を免れられないことによって、私たちは現実の矛盾のなかを、あちらこちらに突きあたりながら生きざるをえない。ここで矛盾とは、自己自身の内部の矛盾であるばかりでなく、自己と他の人々との矛盾であり、さらには自己と状況あるいは世界との間の矛盾である。

□(1) 傍線部①とあるが、どのようにすることか。簡潔に説明しなさい。(10点)

□(2) 傍線部②とあるが、なぜ「簡単ではない」のか。簡潔に説明しなさい。(10点)

□(3) 傍線部③とあるが、どういうことか。適切なものを次から選び、記号で答えなさい。(10点)

ア 観念的でなく、身をもって主体的に行動を起こすときには、自らの身体能力の限界を覚悟する必要があるということ。
イ 身体を備えたわれわれ人間が意志的、能動的に振舞おうとすれば、さまざまな困難に出会わざるを得ないということ。
ウ 理性的に物事を遂行しようと努力しても、ときには感情が邪魔をして不必要に物事を面倒にしてしまうこと。
エ 身体性を無視し精神の主体性や能動性を守ろうとすると、どうしても現実の矛盾に突きあたらざるを得ないということ。

□(4) 傍線部④とあるが、それはなぜか、説明しなさい。(10点)

解答欄

(1)

(2)

(3)

(4)

20 小説 深い河 ―― 遠藤周作

〔　月　日〕

時間 25分 得点

解答▶別冊14ページ

（大津は）跪[a]いてしばらく祈った。それからマハートマ・ガンジーの語録集を拾いあげて昨夜の汗で湿っているベッドに体を横たえた。そして何度も繰りかえして読んだ箇所に眼をやりながら眠りのくるのを待った。

「私はヒンズー教徒として本能的にすべての宗教が多かれ少なかれ真実であると思う。すべての宗教は同じ神から発している。しかしどの宗教も不完全である。なぜならそれらは不完全な人間によって我々に伝えられてきたからだ」

床の上を小さな鼠が鉄砲玉のように走りすぎた。しかしこの建物では珍らしいことではなく、大きな鼠が大津のベッドをのりこえて部屋を横切ることもあった。

「さまざまな宗教があるが、それらはみな同一の地点に集まり通ずる様々な道である。同じ目的地に到達する限り、我々がそれぞれ異った道をたどろうとかまわないではないか」

大津の好きなこの言葉。彼がまだこの語録を知る前に、同じような気持ちを抱いていたため、神学校でも修錬院でも上司の*顰蹙（ひんしゅく）をかい仏蘭西（フランス）の同輩の反感とケイベツ[b]とを起こさせたこの言葉。

㊀「それじゃあ、君はなぜ我々の世界に留まっている」

と先輩から咎められたこともある。

「それほどヨーロッパが嫌なら、とっとと教会を出ていけばいい。我々が守るのは基督（キリスト）教の世界で基督教の教会なのだから」

「出ていけません」と大津は泣きそうな声をだした。「私はイエスにつかまったのです」

語録は彼のよごれた爪の間から床に落ちた。鼾（いびき）をかいて彼は夢をみていた。夢のなかでも、リヨンの修道院でいつも彼をナンキツ[c]したジャック・モンジュという色白の秀才の先輩の顔が出てきた。

「神は我々の世界で育った。君の嫌いなヨーロッパの世界で、だ」

「そう思えません。あの方はエルサレムで刑にあった後、色々な国を放浪しておられるのです。今でさえも。色々な国、ですが。たとえば印度、ベトナム、中国、韓国、台湾」

漢字（各2点）

a 跪いて〔　　〕

b ケイベツ〔　　〕

c ナンキツ〔　　〕

d 反駁〔　　〕

e 呟いた〔　　〕

語句

顰蹙…まゆをひそめ、きらうこと。不快の念をあらわすこと。

「たくさんだ。君がそれほど異端的だと先生たちが御知りになったら」
「ぼくは……異端的でしょうか。あの方に異端的な宗教って本当にあったのでしょうか。あの方は違った宗教を信じるサマリヤ人さえ認め愛された」

夢のなかでだけ彼はジャック・モンジュや上司に逆らい、弁解し、反駁[d]したりしたが、現実ではほとんど泣きそうな顔をして、黙りこんでいたのだ。要するに彼は A にすぎなかった。言葉の上でもたち向かったり、戦ったりする力に欠けていた。

三時半。やっとかすかな涼しさが熱を潜在させた大気のなかにしのびこむ時。まだ闇の残っている中庭で、迷いこんだ牛が眠っていた。三人のサードゥーが井戸から桶(おけ)に水をくみその水で身を清めた。

四時。大津が起きて同じように井戸の水で体をふき顔を洗い、それから自分の部屋で一人だけのひそかなミサを立てた。㈡「ミサは終りぬ(イテ・ミサ・エスト)」最後の祈りを呟[e]いた後も——彼は跪きつづけた。修道院時代も彼にとってあの人と話をする時だけが口に出して言えぬほど安らぎと落ちつきをとり戻す時間だった。それ以外の時間、彼は自分が誰かを傷つけないか、怒らせないかとたえず不安だった。

□ (1) 空欄Aに入る言葉を次から選び、記号で答えなさい。(8点)
ア 異端者であり、よそ者　**イ** 挫折者であり、弱虫
ウ 外国者であり、口下手　**エ** 若輩者であり、未熟者

□ (2) 傍線部㈠について、次の問いに答えなさい。
① 「それじゃあ」が指す内容を答えなさい。文末は「……であれば」で結ぶこと。(8点)
② 「我々の世界に留ま」るとは、大津がどうすることか。(8点)

□ (3) 傍線部㈡にある「彼は跪きつづけた」とは、どういう気持ちからか。答えなさい。(8点)

□ (4) ジャック・モンジュと大津とのキリストの捉え方の相違を端的に表す語を抜き出しなさい。(完答8点)

解答欄

(1)

(2) ①

②

(3)

(4) ジャック・モンジュ

大津

〔　月　日〕

21 評論 時間についての十二章 ―― 内山 節

時間 25分 得点

解答▶別冊14ページ

　かつての日本の川はゆるやかに[a]ダコウしていた。水の流れは曲がりくねりながらスピードを落とし、ときに[b]河川敷の草原や林に浸入した。私の記憶のなかにある武蔵野の小川も①そうであったように、川の流れのゆがみや*たわみが、不均等に流れゆく川の時間をつくりだしていた。そしてそのゆらぎつつ流れる川こそ、日本の農村の川であったのである。いま私たちは、昔からの生活が残っている社会に行くと、そこではまだ時間がゆっくりと流れているような感覚をいだかされる。実際都市の時間と村の時間の時間速度の違いは、社会学のテーマのひとつでさえあった。しかし私は、時間速度の遅さに②村の時間の特徴があるとは思っていない。村の時間は、ときに荒々しく、ときに[c]漂うように流れている。均一に流れゆく直線的な時間が都市を支配しているとすれば、ここにはゆらぎゆく時間が成立しているのではなかったか。あるいは都市では客観的な時間が人間を管理しているのに対して、村の時間は村人の営みとの関係のなかにつくられていた。

　農民の一年とは、同じ速度で歩む時間によって構成されてはいない。荒起こしから田植を終えるまでの春、夏の草取り、秋の刈入れ、そんなとき時間は、しばしば③凝縮された歩みをみせる。そしてその[d]アイマにあらわれる漂うような時間。季節のなかで時間は絶えずゆらいでいる。一日のなかでも同じことだ。畑仕事をしているときも、村人たちは、凝縮された時間とまるで*惚(ほう)けたような時間をつくりだす。時間はときにすばやく過ぎ去り、ときに漂うようにさまよいつづける。ここでは時間は、都市のように人間たちを外から管理し、価値を生みだす客観的な基準ではなく、村人の暮らしとともに④等身大で存在しているものなのである。そしてこの都市の時間と村の時間、あるいは近代社会がつくりだした時間と伝統的な時間との相違が、村落共同体が河川改修の主体になっていた時代と、近代国家がその主体になった時代との、川の流れの違いをつくりだしたように私には思われる。ゆらぎゆく水の流れを川に求めた思想は、そのまま村人たちの時間的世界の表現だったのではなかろうか。〈中　略〉

　その⑤川が消えていったとき、農村としての武蔵野もまた失われていたのである。この地に新しく移住してきた市民たちが、川に、大地の上での営みとの結びつきをみつけだすことはなかった。川は単なる⑥水路であり、

漢字（各2点）

a ダコウ〔　　〕

b 河川敷〔　　〕

c 漂う〔　　〕

d アイマ〔　　〕

e ナイホウ〔　　〕

語句

たわみ…細長い棒や板などが湾曲した形。また、その程度。

惚けた…ぼんやりした。

ときに排水路でさえあった。それはおそらく、サラリーマン家庭であった新住民たちは、時計の時間という均一で、直線的で、客観的な時間に支配されていて、自己の存在との関係のなかに成立する農民の時間をみつけだすことはなかったか、あるいはそれを遅れたものとみなしていたからである。大地や川とともにつくられる時間的世界は、それを自己の営みのなかにナイホウ(e)している人々だけのものであった。

□(1) 傍線部①が指しているところを文中より抜き出し、最初と最後の五字で答えなさい。(句読点を含む)(8点)

□(2) 傍線部②「村の時間の特徴」を二つ答えなさい。(各4点)

□(3) 傍線部③の時期は、一般に何と呼ばれるか、漢字三字の熟語で答えなさい。(6点)

□(4) 傍線部④とはどういうことか、説明しなさい。(9点)

□(5) 傍線部⑤「川」と⑥「水路」の違いについて、時間の観点から八十字以内で答えなさい。(句読点を含む)(9点)

解答欄

(1) 　〜　

(2)

(3)

(4)

(5)

〔　月　日〕

22 評論 視覚の生命力 ―― 柏木 博

時間 25分　得点

解答▶別冊15ページ

対象物を記憶するということでは、写真装置（フォトグラフィック・カメラ）から*デジタル写真装置（デジカメ）へはほとんどつなぎ目のないまま連続しており、写真装置の持っていたさまざまな意味は、そのままデジタル写真装置へと引き継がれているように思える。しかし、(一)さほど単純なことではない。

両者のちがいのひとつは、ひとことでいえば、写真装置（フォトグラフィック・カメラ）が光学的な記録（記憶）装置であり、その画像は、印画紙に光りをあてることで得られるということである。

他方、デジタル写真装置は、印画紙という物質を必要としない。これは［ A ］そのものである。それは写真装置（フォトグラフィック・カメラ）に内在していた記憶装置という特性をより特化したものとなっている。繰り返すが、デジタル写真装置の記憶は、写真装置（フォトグラフィック・カメラ）とは異なって、物質ではなくデジタルなデータである。通常、デジタル写真装置によって得られた画像はコンピュータを介してプリントされ、紙として物質化される。

デジタル写真装置は、いわば純粋な記憶装置であり、そうした意味では、写真装置と同様に、(二)*イマジネールな自己像を消し去るものである。さらには、現像処理などの時間も必要とせず、瞬時に画像が出現するとともに、物質性すら持たないがゆえに、いちだんと主体や自我のゆらぎを(a)ソクシンするものとなる。

シュート（撮影）する主体はどうだろうか。デジタル写真装置の記憶は、信号化され、多くの場合、コンピュータ自体に、あるいはコンピュータを介してCDなどさまざまな*メディアに保存される。通常、それらの画像は、モニタの上で見られるだけで、多くの画像はプリントアウトされずにデータ保存されるのみである。コンピュータが日常化するにつれ、わたしたちはさまざまな記憶をコンピュータにあずけるようになった。その結果、(三)コンピュータはわたしたちの外化した脳だという*メタファーがたびたび語られた。たしかに、デジタル写真装置で撮影された(b)膨大な画像（イメージ）は、外化された脳であるコンピュータに記憶され、時折、その記憶をまさぐるように、検索・確認されることになる。このことによって、撮影者もまた自ら撮影した図像の記憶を自身の中にとどめることを(c)ホウキし、そのことをコンピュータにあずけてしまう。記憶を「他の客体に転

漢字（各2点）

a ソクシン〔　　〕

b 膨大〔　　〕

c ホウキ〔　　〕

d 崩壊〔　　〕

e カンゲン〔　　〕

語句

デジタル…情報を0と1、またはオンとオフなどで段階的に区切って表すこと。

イマジネール…架空の。想像の。

メディア…ここでは情報を保存する記録媒体の意。

メタファー…暗喩。直接的ではないたとえ。

写」してしまうのである。その結果、シュートしたという身体的記憶すらも曖昧なものになってしまうのではないか。〈中略〉

わたしたちの画像の記憶は、わたしたちから離れ、㈣「光の束」の信号として保存されているにすぎない。してみれば、デジタル写真装置は、一方でかつての写真装置と同様、わたしたちのイマジネールな自己像（近代的主体や自我とかかわる）を崩壊[d]させるとともに、他方その撮影主体のまなざしをも消失させ、さらには対象世界を物質ではなく「光の束」へとカンゲン[e]してしまったといえるだろう。

□ (1) 傍線部㈠とあるが、筆者がこのように言うのはなぜか。理由として適切なものを次から選び、記号で答えなさい。（6点）

ア 記憶装置の違いは、写真の品質に大きな影響を与えるから。
イ 物質性の有無の差は、記録の本質そのものを変化させるから。
ウ 発信の方法の発展によって、画像量が無限に増大するから。
エ 発信までの時間差の短縮が、デジタルの可能性を広げるから。

□ (2) 空欄Aに入る言葉を次から選び、記号で答えなさい。（4点）

ア データによる記憶装置　**イ** 印画紙の上位互換
ウ 紙データまでの通過点　**エ** 現実の信号化装置

□ (3) 傍線部㈡とあるが、どういうことか。簡潔に説明しなさい。（8点）

(4) 傍線部㈢について、次の問いに答えなさい。

□ ① このメタファーはどのようなことを表しているか。簡潔に説明しなさい。（8点）

□ ② コンピュータがこのような役割を担うことで、どのような影響が生じるか。簡潔に説明しなさい。（8点）

□ (5) 傍線部㈣とあるが、これは何を表しているか。三十字以内で説明しなさい。（6点）

解答欄

(1)

(2)

(3)

(4) ①

②

(5)

23 小説 焔の中 ―― 吉行淳之介

時間 25分 得点

（　月　日）

解答▶別冊15ページ

隊長は、学徒出身の若い少尉であった。〈中略〉

僕はその隊長の風貌に、なんとなく安堵の気分を覚え、そして［A］を持った。隊長にくらべて班長の伍長は、クチビルが薄く瞳の素早く動く商人風の小男だった。一見して［B］の気持ちが起こった。

この班長にいじめられて、隊長にかばわれる。すると一層班長がいじめることになる……、たちまちそんな予感に僕は捉えられた。何といっても、兵隊にとっては班長の方が接触する機会が多いのだから……、と、はやくも僕は、内務班の生活において自分の置かれる位置がハナハだ具合の悪いところに定まってしまった気持ちになった。

①「班長どのッ、脚絆を取らせていただきますッ」

と叫んで、班長の脚に飛びつく兵隊はどの男だろうか、と僕はあたりを見廻してみる。その男をはげしく嫌悪することになるだろう、と考える。僕自身は、そう叫ばないことは確実だ。班長に対しての好悪はこの際無関係である。そういう姿勢を取ることが、僕にはできないからだ。自尊心が素朴なかたちのまま、保存されていたのである。

②その予感は、しだいに現実の事柄によって裏づけられはじめた。一つには、予感が僕自身の行動を知らず知らずのうちに支配している面もあったものとおもわれる。

入営第一日は、身体検査や被服の整理などで過ぎて行く。まず、星の一つも付いていない赤い小さな布をカーキ色の服の襟にヌいつけなくてはならない。

隊長は部屋の中央に持ち出した椅子に坐って、新兵を一人一人呼び寄せると、身上調査の質問をはじめた。こんな会話が聞こえてくる。

「何か運動をやったことがあるか」

「ハイッ、相撲をやりました」

漢字（各2点）

a 安堵〔　　〕

b クチビル〔　　〕

c ハナハだ〔　　〕

d 好悪〔　　〕

e ヌいつけ〔　　〕

語句

脚絆…旅行や作業などの時に、脛に巻き、動きやすくする布。軍隊では多く、カーキ色でラシャ製の細い帯を足に巻きつけて用いた。

カーキ色…黄色に淡い茶色のまじった色。

ゲートル…問題文中の「脚絆」に同じ。

「なにい、おまえは相撲取りだったのか」

「いえ違います。学生でありました」

質問に含まれた意地悪な調子と、その質問を冗談として受け止めている C 調子とが喰い違ったので、僕は顔を上げてその方を見た。眼鏡をかけた大きな男の軀が、ちょっとしなをつくっているように見えた。僕の入った隊には、学生は三人しかいない。その男と僕とが高校生で、あとの一人が大学生である。

眼鏡の男は、隊長の前へ立つまでは、③背骨を反らせ、頤をすこし前へ突き出すような姿勢で新兵たちの群れの中に混じっていたのだが、いまはにわかに骨が軟らかくなったようにみえる。班長の脚に飛びついてゲー*トルを取ろうとする兵隊は、あの男かもしれないな、と僕は感じた。

□ (1) 空欄A・Bに入る言葉をそれぞれ次から選び、記号で答えなさい。（各3点）

ア 嫌悪　**イ** 同情　**ウ** 同感　**エ** 好感　**オ** 違和感

□ (2) 傍線部①について、その「兵隊」はどのような意図でそんな行動をとるのか。四十字以内で答えなさい。（句読点を含む）（10点）

□ (3) 傍線部②について、「現実の事柄」としてどんな事柄が起きたと考えられるか、その例を一つ答えなさい。（8点）

□ (4) 空欄Cに入る言葉を次から選び、記号で答えなさい。（6点）

ア お世辞わらいのような　**イ** 一笑に付すような

ウ しょげ返った　**エ** そらとぼけた

オ 苦虫をかみつぶしたような

□ (5) 傍線部③には「眼鏡の男」のどのような心理が込められているのか。具体的に答えなさい。（10点）

解答欄

(1) A　B

(2)

(3)

(4)

(5)

24 小説 悟浄歎異——沙門悟浄の手記　中島敦

時間 25分　得点

解答・別冊16ページ

〔　月　日〕

三蔵法師は不思議な方である。実に弱い。驚く程弱い。変化の術も固より知らぬ。途で妖怪に襲はれれば、直ぐに攫まつて了ふ。弱いといふよりも、まるで自己防衛の本能が無いのだ。此の意気地の無い三蔵法師に、我々三人が斉しく惹かれてゐるといふのは、一体どういふ訳だらう？（こんな事を考へるのは俺だけだ。悟空も八戒も唯何となく師父を敬愛してゐるだけなのだから。）私は思ふに、我々は師父のあの弱さの中に見られる或る①悲劇的なものに惹かれるのではないか。之こそ、我々・妖怪からの成上り者には絶対に無い所のものなのだから。三蔵法師は、大きなものの中に於ける自分の（或ひは人間の、或ひは生き物の）位置を——その哀れさと貴さとをハッキリ悟つてをられる。しかも、其の悲劇性に堪へて尚、正しく美しいものを勇敢に求めて行かれる。確かに之だ。我々に無くて師に在るものは。成程、我々は師よりも腕力がある。多少の変化の術も心得てゐる。併し、一旦己の位置の悲劇性を悟つたが最後、金輪際、正しく美しい生活を真面目に続けて行くことが出来ないに違ひない。あの弱い師父の中にある・この②貴い強さには、全く驚嘆の外は無い。内なる貴さが外の弱さに包まれてゐる所に、師父の魅力があるのだと、俺は考へる。〈中略〉

全く、悟空のあの実行的な天才に比べて、三蔵法師は、何と実務的にはドンブツ（a）であることか！　だが、之は二人の生きることの目的が違ふのだから問題にはならぬ。『ⓐいや、其の時慌てて構へずとも、外的な事故に依つて内なるものが動揺を受けないやうに、平生から構へが出来て了つてゐる。ⓑ外面的な困難にぶつかつた時、師父は、それを切抜ける途を外に求めずして、内に求める。ⓒだから、外に途を求める必要が無いのだ。ⓓ何時何処で窮死しても尚幸福であり得る心を、師は既に作り上げてをられる。ⓔ我々から見ると危くて仕方の無い肉体上の無防禦も、つまりは、師の精神にとつて別に大した影響は無いのである。ⓕつまり自分の心をそれに耐へ得るやうに構へるのである。』悟空の方は、見た眼には頗る（b）鮮やかだが、しかし彼の天才を以てしても尚打開できない様な事態が世には存在するかも知れぬ。併し、師の場合には其の心配は無い。師にとつては、何も打開する必要が無いのだから。

③悟空には、嚇怒（c）はあつても苦悩は無い。歓喜はあつてもユウシュウ（d）は無い。彼が単純に斯の生を肯定できる

漢字（各2点）

a ドンブツ〔　　〕

b 頗る〔　　〕

c 嚇怒〔　　〕

d ユウシュウ〔　　〕

e キゲン〔　　〕

のに何の不思議もない。三蔵法師の場合はどうか？　あの病身と、禦ぐことを知らない弱さと、常に妖怪共の迫害を受けてゐる日々とを以てして、なほ師父は怡しげに生を肯はれる。之は大したことではないか！

をかしいことに、悟空は、師の自分より優つてゐる④此の点を理解してゐない。唯何となく師父から離れられないのだと思つてゐる。ⓔキゲンの悪い時には、自分が三蔵法師に随つてるのは、ただ緊箍咒（悟空の頭に嵌められてゐる金の輪で、悟空が三蔵法師の命に従はぬ時には此の輪が肉に喰い入つて彼の頭を緊め付け、堪へ難い痛みを起すのだ）のためだ、などと考へたりしてゐる。そして「世話の焼ける先生だ。」などとブツブツ言ひながら、妖怪に捕へられた師父を救ひ出しに行くのだ。

□ (1) 傍線部①の内容を文中の語句を用いて答えなさい。（8点）

□ (2) 傍線部②の内容を説明しなさい。（8点）

□ (3) 文中のⓐ～ⓕの文章を意味が通るように並べ換えなさい。（完答5点）

□ (4) 傍線部③の内容を適切に表現した言葉を、文中から五字以上十字以内で抜き出しなさい。（5点）

□ (5) 傍線部④の内容を説明しなさい。（8点）

□ (6) この語り手（悟浄）はどういう人物と思われるか。次から二つ選び、記号で答えなさい。（各3点）

ア 悲観的　**イ** 内省的　**ウ** 活動的
エ 分析的　**オ** 空想的　**カ** 楽観的
キ 厭世的　**ク** 独断的　**ケ** 現実的

解答欄

(1)

(2)

(3) ↓ ↓ ↓ ↓ ↓

(4)

(5)

(6)

章末問題

評論　幻想の未来 ―― 岸田秀

時間 35分　得点

解答・別冊17ページ

（　月　日）

対人恐怖症は日本人に特徴的な神経症であると言われている（わが国の精神医学関係の学術用語はほとんど欧米語からの[a]ホンヤクであるが、対人恐怖症は少ない例外の一つである）。しかも日本の近代化に伴って発生したもので、明治以前は存在しなかったと考えられる。近代日本人はなぜ対人恐怖症に罹（かか）りやすくなったかが第一の問題である。

①恐怖と恐怖症とは違う。ある対象を恐れているだけなら、その対象から逃亡するか、もし可能なら、その対象が自分に脅威を与えないようになだめるか、あるいは攻撃して撃滅するか、どうしようもないなら、じっと恐怖をがまんして耐えるか、とにかくその際に適切だと思われる行動を取ればいいわけで、何らかの行動をたいして迷うことなく取れるのであれば、どれほど恐怖を感じていようと、それは恐怖症ではない。恐怖が恐怖症となるのは、恐怖を自我から[b]ハイジョし、恐怖が自我にとって異物となるときである。すなわち、恐怖を感じている一方で、そのような恐怖は感じるべきでない、不合理だ、非現実的だ、馬鹿げているなどと思いはじめるときである。恐怖症は一般に、現実的根拠のない不合理な恐怖だとされているが、何が合理的恐怖で、何が不合理な恐怖であるかの一般的規準があるわけではなく、もしあったとしても、それは当人が恐怖症になるかならないかとは無関係である。はた眼にはどれほど不合理な恐怖と見えようとも、当人がそうとは思わず、その恐怖に対してどういう反応をするかはさておき、とにかくその恐怖それ自体をおかしいと見ていないならば、恐怖症は成立しない。恐怖症が成立する条件は、ある対象に対する恐怖と恐怖の否定との葛藤である。たとえば、先祖を敬い、死後あの世で先祖と会ったときに先祖に対して顔向けできない事態にならないよう日頃心掛けている老人は、死んでしまった先祖のことなんか気にしてやりたいことをがまんするなんて馬鹿げていると思っている若い人から見れば、まさに「 A な」先祖恐怖に囚われているわけであるが、当の老人自身には何の葛藤もない。彼がこの若い人の意見を入れて「 A な」先祖恐怖を[c]ヨクアツしはじめたとき、彼は「先祖恐怖症」になるであろう。

ところで対人恐怖は、赤面恐怖、視線恐怖、表情恐怖、醜貌恐怖などいろいろな形で表われるが、要するに、人間関係において自分の言葉、姿、表情、ふるまいなどのために自分が人に変に思われるのではないか、悪く思われるのではないか、軽蔑されるのではないかなどと気にかけることである。この対人恐怖が対人恐怖症となるのは、当人が対人恐怖を感じまいとして、人に変に思われる危険が全然ない自分のあり方を想定し、それに無理に自分を合わせようとするとか、人とつき合いたいのに、変に思われる危険を避けるためつき合わないとか、あるいは、どれほど変に思われようと平気であろうとするとかのときである。つまり対人恐怖症には対人恐怖とその否定との二つの要因があるわけで、近代以前の日本人に対人恐怖症のようなものがあまり見られず、②近代日本人に対人恐怖症が多く見られ、そして、欧米人には近代以前も近代においてもそれほど見られないとすれば、その違いの理由はこの二つの面から考えなければならない。まず、対人恐怖の面から考えてみると、欧米人とくらべて日本人は昔から対人恐怖が強かったと言えよう。そもそも日本人は話をしているとき、あまり相手の眼を見ない。伏し眼がちにしたり、あらぬ方を見たりしている。相手を無視しているのではないことを示すためにときどき相手の眼を見たりもするが、すぐそらせる。「ガンをつけた」ということがやくざがインネンをつける口実になることが示しているように、相手の眼を見つめることは非常に失礼なことである。逆に欧米人においては話相手から眼をそらしているほうが失礼である。昔の日本では、身分の高い人に拝謁するときはまず遠く離れたところで平伏し、許しを得てはじめて近寄り、顔をあげる。近寄って顔をあげても、御簾（みす）に遮られて顔を合わせないですむようになっていたりする。また、浮世絵に描かれているような日本の伝統的美人は目があるかないかくらいに細いが、これは人の視線恐怖を刺激しないようにということが美人の不可欠の条件であったからであろう。こういうことを考えると、③明らかに日本人は昔から視線恐怖である。また「恥の文化」と言われているように、日本人は欧米人にくらべて恥ずかしがりであり、恥をかくことを非常に恐れる。江戸時代の借金の証文[d]に、もし期日までに返済できなかった場合には「満座の中で恥をかかされても致し方なし」というのがあったそうであるが、*シャイロックなら決してこのような証文は受け取らなかったであろう。④欧米でこのような証文を受け取るとんまな金貸しがいたら、貸金を踏み倒されてすぐ破産したであろう。日本人は恥をかくことを非常に恐れるわけで、赤面することは恥をかくことの一つの表われであるから、昔から赤面恐怖であると言える。

では、なぜ日本人は視線恐怖や赤面恐怖、つまり対人恐怖が強いのであろうか。人間が自分の安全や幸福、価値や名誉、美意識や倫理観など、要するに⑤自我の安定を支え、あるいは脅[e]かす大きな影響力をもっている対象を恐れるのは当然のことである。日本人はその自我の安定を他の人たちに支えられて保っているがゆえに、対人恐怖が強いのである。自我の安定が、人に自分がどう思われるかということにかかっていれば、人が恐ろしくないわけがない。

欧米人が日本人ほど対人恐怖が強くないとすれば、その自我の安定が他の人たちの思惑にそれほど依存していないからである。もちろん、日本人においても欧米人においても、自我はつくりものの幻想であって、本質的に不安定であり、その不安定な自我がいささかでも安定し得るためには何らかの支えを必要とする点においては何ら変わりはない。したがって、欧米人の自我が他の人たちの支えをそれほど必要としないのは、何か別のものに支えられているからである。何か別のものとは、言うまでもなく、神である。日本人が他の人びとを恐れるのと同じ意味で欧米人は神を恐れる。神を恐れることを対人恐怖という言葉にならってかりに［B］と呼ぶとすれば、日本人が昔から対人恐怖であるのと同じく欧米人は昔から［B］である。〈中略〉

誰であれ、人間の自我は「不合理な」恐怖に怯（おび）えている。人類のさまざまな文化は、自我を支えるもっとも重要な対象に対する不合理な恐怖の不合理性を隠蔽し、その恐怖を当然の、筋の通った、合理的恐怖として成員が共有することによって成り立ってきた。日本文化に関して言えば、⑥対人恐怖を人間として他の人びとに対する当然の配慮、気遣い、思いやりとし、それを軸としてある程度一貫した宗教、道徳、法、風習などの制度を築いてきた文化である。

＊シャイロック…シェークスピアの戯曲『ベニスの商人』に登場する、強欲な高利貸し。

(1) 点線部a〜eのカタカナは漢字で、漢字は読み方をひらがなで書きなさい。（各1点）

a	b	c
d	e	

(2) 傍線部①とあるが、恐怖と恐怖症とではどのような違いがあるのか。説明しなさい。（6点）

(3) 本文中の空欄Aには同じ言葉が入る。あてはまる言葉を、文章中から三字で抜き出しなさい。（5点）

(4) 傍線部②とあるが、筆者はこの原因をどのように考えているか。簡潔に説明しなさい。（4点）

(5) 傍線部③とあるが、筆者はこの根拠となる具体例としてどのようなことを挙げているか。二つに分けて説明しなさい。（各4点）

(6) 傍線部④とあるが、筆者がこのように述べるのはなぜか。わかりやすく説明しなさい。（6点）

(7) 傍線部⑤とあるが、筆者は自我とはどのようなものであると考えているか。これについて説明した次の文の空欄Ⅰ～Ⅲに当てはまる言葉を、文章中から抜き出しなさい。（各2点）

もともと Ⅰ（8字） にすぎないものだが、それを少しでも安定させるために支えとなるものが、日本人は Ⅱ（8字） にかかっているのに対し、欧米人は Ⅲ（1字） にかかっている。

Ⅰ

Ⅱ

Ⅲ

(8) 本文中の空欄Bは同じ言葉が入る。あてはまる言葉を、四字で書きなさい。（4点）

(9) 傍線部⑥とあるが、日本人が対人恐怖を基盤とする風習・文化を育んできたことの具体例として適切なものを次から選び、記号で答えなさい。（6点）

ア 日本には「お天道様が見ている」という言葉があり、自分の悪事を具体的に見ている人がいなくても太陽という絶対的存在を想定し、自分自身に恥じるような行為は避けようとする。

イ 日本の神道において、神々がキリスト教のイエスやマリアのように人間の形をした崇拝の対象をもたず、自然や祖先の霊をまつるのは、神々と人間とを分けて考える性質の表出である。

ウ 日本で新型コロナの流行によるマスク着用の義務化が海外より容易に受け入れられたことには、他者に表情を見せないことに安堵を覚える日本人の性質が関連していると考えられる。

エ 日本人は子供のしつけにおいて「人に笑われる、人が気を悪くする」などと言いがちだが、子供が幼いうちに他者の目ばかり気にすることを克服させようという意思の表れであるといえる。

装丁デザイン　ブックデザイン研究所
本文デザイン　未来舎

本書に関する最新情報は，小社ホームページにある**本書の「サポート情報」**をご覧ください。(開設していない場合もございます。)
なお，この本の内容についての責任は小社にあり，内容に関するご質問は直接小社におよせください。

高校 トレーニングノートβ 現代文

編著者　高校教育研究会
発行者　岡　本　泰　治
印刷所　岩　岡　印　刷

発行所　受験研究社

〒550-0013 大阪市西区新町2丁目19番15号
注文・不良品などについて：(06)6532-1581(代表)／本の内容について：(06)6532-1586(編集)

Printed in Japan　高廣製本
落丁・乱丁本はお取り替えします。

ひっぱると，はずして使えます。

Training Note
トレーニングノートβ

現代文

解答・解説

解答・解説

高校 トレーニングノートβ 現代文

第1章 読解力養成

1 「個性」を煽（あお）られる子どもたち　（4〜5ページ）

土井隆義（どいたかよし）…一九六〇（昭和三五）年〜。山口県出身。社会学者・筑波大学教授。筑波大学第一学群卒。専門は犯罪社会学、社会問題論など。現代日本の病理として「自分らしさ」が過剰に指向されているという指摘を行っている。著書に『非行少年の消滅—個性神話と少年犯罪』など。

出典…『「個性」を煽られる子どもたち—親密圏の変容を考える—』（岩波ブックレット）からの引用。

解答

漢字　a 揺（れ）　b 頼（る）　c 危（うい）　d 依然　e たんぽ

(1) 親密圏内の〜もらうこと　(2) 友だち

(3) （例）自分の信じる自分らしさに客観的根拠を得ることができない点。（29字）

(4) **ア**　(5) **ウ**

(6) きわめてあいまいで主観的なもの

解説

(1)同じ段落の最後の一文「親密圏内の〜なっているのです」をおさえる。

(2)「身近な他者」だから、友人が思いつくだろう。それを念頭に置いて探すと、文章の後半に「友だち」があるのが見つかる。　(3)傍線部③の直前「『自分らしさ』の〜術はありません。」に着目する。身近な他者からの承認によってしか自分らしさの確信を得られないのに、内省的に自分探しをすることはこれに反するのである。　(4)前とあとの内容が反対になっている。　(5)「具体的な他者からの絶えざる承認を求めざるをえなくなっている」ために、友だち関係が負担が大きいものになっているのだと読み取る。　(6)次の「しかし…」の一文に着目する。

2 自家製文章読本　（6〜7ページ）

井上ひさし（いのうえ）…一九三四（昭和九）年〜二〇一〇（平成二二）年。山形県出身。作家。戯曲・テレビ脚本・小説などで数々の賞を受賞している。

出典…一九八一年二月から八二年七月まで『波』に連載。本文は『自家製文章読本』（新潮社）の中の「滑稽な冒険へ旅立つ前に」の一節で、愛知大学経済学部の入試問題として出題されたものの一部を改訂したもの。

解答

漢字　a 獲得　b 一環　c たいこう　d しんしょう　e きがん

(1) ひとつひと〜力するとき

(2) **ア**

(3) 長い連鎖

(4) ① **ウ**　② **エ**

(5) B **ク**　C **シ**　D **キ**

解説

(1)傍線部㊀の一〜三行前「ひとつひとつの〜かもしれない。」という一文に着目する。　(2)直前の「もっといえば」や、少しあとの「しかしたとえば」以降の内容に着目する。　(3)「ヒトが書き記したものすべて」、「ヒトの記憶一切」に同じ構造は、文章の初めの部分にある「過去から現在を経て未来へ繫って行く途方もなく長い連鎖」のことである。　(4)文学史の知識の問題。近代文学史は、作品・人名を中心に各自整理しておいてほしい。　(5)空欄補充の問題。文の前後や接続に注意してほしい。Bは、段落初めにあるのがヒント。Cは、直前が「人間らしい気組み」であるという文脈。Dはテレビという具体例が突然出てきている。

3 学問の力 （8〜9ページ）

佐伯啓思（さえきけいし）…一九四九（昭和二四）年〜。奈良県出身。経済学者・京都大学名誉教授。東京大学経済学部卒。新聞や雑誌への寄稿も多い。著書に『隠された思考』など。

出典…『学問の力』（ちくま文庫）の第四章からの引用。

解答

漢字 a ささ（げる） b 対等 c 特有 d たいせき e 隠（された）

(1) A **ウ** B **エ** (2) 超越的なもの

(3) （例）それぞれの社会の背後にある、伝統や習慣の中に堆積された普遍性を尊重すること。（38字）

(4) **エ**

解説

(1) A「大事に保持してきた」に着目。B「義をもつということ」だから、それは「神の言葉」に対する敬意になり、「絶対的な価値とみな」すということ。

(2)「絶対的なもの」を参考にする。 (3)傍線部①の直前「隠された絶対主義を前提にした」に着目し、「隠された絶対主義」とはどのようなものかを読み取る。すると、傍線部①の前の段落の最後に「まずそれぞれの～ということになる」とあるのが見つかる。つまり、「それぞれの社会がもっている文化なり伝統的なもののなかにある知恵とか超越的なもの」が普遍性をもつ絶対的なものとして尊重されるのである。 (4)絶対的なものを想定することによって、「人々は、神の前で平等になる」のである。

4 教師花伝書 （10〜11ページ）

佐藤学（さとうまなぶ）…一九五一（昭和二六）年〜。広島県出身。教育学者。東京教育大学教育学科卒業、東京大学大学院教育学研究科博士課程修了。東京大学教育学部学部長、ハーバード大学客員教授、学習院大学特任教授などを歴任。学びの哲学に基づき、知識を活用して共同で探求し合う「学びの共同体」による学校改革を提唱。主な著書に『学び・その死と再生』『学び合う教室・育ち合う学校』など。

出典…『教師花伝書―専門家として成長するために』（小学館）。世阿弥の「風姿花伝」をもとに、「身と心の構え」とそこから得られる学びに沿って、教師の授業実践のありかたについて考察している。小樽商科大学の入試問題として出題されたものの一部を改訂したものである。

解答

漢字 a 領域 b りんり c 劣（る） d 推進 e けんさん

(1) B (2) **エ**

(3) 公共的使命

(4) （例）教師の「人間性」や「情熱」といった面が強調されることによって、身近な存在であり、安易な仕事であるというイメージがより強く印象づけられるという影響。

(5) （例）欧米では教師に専門家としての責任を果たすことが期待されるのに対し、日本では教師は安易な仕事であると見なされ、顧客である生徒や保護者を満足させる公衆の僕として振る舞うことが期待される。

(6) **イ**

解説

(1)「その意味では」という指示語で始まっていることに注目。前の部分には「プロフェッショナル」の定義にあたる内容があると考えられるので、同義の「専門家」について説明している箇所のあと、Bが適切である。Aと迷ったかもしれないが、これは「言葉本来の意味」ではないため不適切。　(2)筆者は「専門家」という言葉の本来の意味について説明したうえで、なぜ日本で教師が「マイナーな専門家」と見なされるのかについて考察している。本来「専門（プロフェッショナル）」という言葉が定義する仕事の領域は非常に高度なものだが、日本ではそもそも「専門」という概念が成熟していないため、安易に「教師は授業のプロである」などと言われるものの、その専門性がしっかりとは認知されていないということである。　(3)前段落で述べた「専門家」の定義に照らし合わせ、教師が専門家であると言えるのかについて検証している部分である。「幸福の実現と平和で民主的で平等な社会の建設」は、前で述べた専門家の定義のうち「公共的使命」にあたる。最後の段落でも「教師は自らの公共的使命とその責任を自覚」することの重要性について繰り返し指摘している。　(4)前文の内容の補足として述べられている。教師に期待される「人間性」や「情熱」などの部分をクローズアップしたのが「教師もの」ドラマであり、これによって人間性豊かで情熱をもった教師像が強調され、さらに視聴者がもつ「教師」のイメージが強化されるのである。　(5)この部分では日本の教師にだけ見られる「異様な風景」が挙げられている。これらは「納税者へのサービス」を強化した結果生まれたものであり、欧米における「専門家」の定義からは大きく外れたものになっている。　(6)それぞれの内容が本文に沿ったものかを確認する。**ア**は最終段落の「教師は……教職の自律性と地位の向上に努めなければならない」に一致。**ウ**は同じく「自らの公共的使命とその責任を自覚し」に一致。**エ**は、筆者は教師が「医師や弁護士のように『高度な専門的な知識や技術』が確定していない」ために「安易な仕事」と見なされることを問題視し、専門家として再定義されるべきであると訴えている。正解は**イ**。公共的使命を自覚し、教職の自律性と地位の向上に努める必要があると述べているが、それを広く訴えかけるべきだとは言っていない。

5 こころ　（12～13ページ）

夏目漱石（なつめそうせき）…一八六七（慶応三）年～一九一六（大正五）年。東京都出身。本名は金之助。東京帝国大学英文科卒。英国留学から帰国して、東大の講師となる。一九〇七年から文筆生活に入り、名作を次々と発表した。

出典…『こころ』は一九一四年発表。「先生と私」「両親と私」「先生と遺書」の三部からなる。自殺した先生の心の過程を主題として、人間の心の本質を描き出した名作である。本文は「先生と私」の一節で、和洋女子大学文家政学部の入試問題として出題されたものの一部を改訂したもの。

解答

漢字　a 滑稽　b はらん　c 滅多　d 不審　e ほうむ(られて)

(1) A **ウ**　B **イ**　C **エ**

(2) 意外らしかった

(3) (例)幸福に生まれた人間の一対と言いきれないわだかまりが、「先生」の心にあったから。(39字)

(4) (例)先生が自分自身を幸福と言いきらずに、幸福であるべき筈だと断わったこと。

(5) 最も幸～筈です

解説

(1)空欄補充の問題。Aは、先生に対する敬意はあるものの、直後の「この答は先生に取って少し案外らしかった」から、先生の意表をつく答えとなる。Bは、前文の「先生の宅へ帰るには……」がヒントとなる。Cは、直後の文が参考となる。　(2)語意の問題。「案外」は、思いのほか・予想外・意外の意。　(3)内容把握の問題。「調子の沈んでいた」のは、言葉の内容と現実との相違に原因がある。先生のわだかまりを、後の文の「……あるべき筈です」の箇所から読み取ってほしい。　(4)指示語の問題。文中の語句を使って示すことができるのは基本問題と言える。本文を丁寧に読んでほしい。　(5)答えは文中の語句を使って記すことができるのだから、この問題も後の文を丁寧に読めば正解が得られる。現代文の場合、問題文に留意することも重要である。

6 新しき短歌の規定 (14〜15ページ)

近藤芳美…一九一三(大正二)年〜二〇〇六(平成一八)年。朝鮮出身。歌人・建築家。一九三二年広島高等学校時代に、アララギ会員となる。終戦後『新泉』創刊、以後短歌活動に入る。歌集として『早春歌』『歴史』『喚声』など。小説・評論・随筆も執筆。第三回釈迢空賞受賞。『未来』主宰。

出典…『新しき短歌の規定』(講談社)の一節。社会派歌人として著名な筆者が、戦後日本歌壇へ大きな指針を与えた記念碑的評論の一節である。立命館大学法学部の入試問題として出題されたものを一部改訂したもの。

解答

漢字 a 大胆　b 逃避　c 機敏　d 結晶　e 遊離

(1) A **ア**　B **ウ**　D **エ**

(2) **ア**　(3) **ウ**

(4) われわれの肉声をはなれて歌は成り立たない。

(5) Ⅰ **キ**　Ⅱ **エ**　Ⅲ **ア**　Ⅳ **カ**　Ⅴ **イ**

解説

(1)空欄補充の問題。A以下の部分は、作品から作者自身に内容が移っている。Bは、前後の「……ごとき」がヒントになろう。Dは、前後の文の論旨展開がヒントとなる。　(2)これも空欄補充の問題。Cでは「夢見るごとき」、Eでは「在りのままをありのままとして」がヒントとなる。　(3)内容把握の問題。傍線部のような生き方は「弱弱しく背をむけ」「逃避」する生き方である。筆者は現実を直視する態度を「誠実」としており、この言葉が前半のキーとなっている。　(4)内容把握の問題。「新しき短歌」の規定を力強く示している部分、「つづめて……」から本文最終行の「……ありえぬ。」まで、解説がなされている。「自己表現」「人間一個の表現」という部分を、後に述べられている「肉声」と結び付けられれば正解となる。　(5)文学史の問題。近代短歌について、まとめていないと、かなり難しい問題である。この機会にまとめてほしい。

7 〈私〉探しゲーム (16〜17ページ)

上野千鶴子…一九四八(昭和二三)年〜。富山県出身。社会学者・東京大学文学部名誉教授。京都大学大学院社会学博士課程修了。主な著書に、『ミッドナイト・コール』『家父長制と資本制』『女遊び』『女という快楽』など多数。

出典…『〈私〉探しゲーム』(筑摩書房)(Ⅵ 百貨店—都市空間の記号学《ステージとしての百貨店—「見世の文化史」》)の一節。成城大学法学部の入試問題として出題されたものの一部を改訂したもの。

解答

漢字 a とくめい　b 志向　c 故意　d 促進　e こかく(こきゃく)

(1) **イ**

(2) 「ちがいが〜いう優越感

(3) 「豊かな社〜様化した。

(4) 人々は匿名〜待している

(5) **ウ**

(6) 巨大な見世もの空間(9字)

解説

(1)読解力の問題。**イ**の「客のニーズ」は「客と店との関係の非人格化」と適合しないので、これが答えとなる。　(2)これも読解力の問題。本文中から答えを見つけ出す問題は、まず問題文の正確な読解を行うことがポイントである。「特権的な客」という言葉から「優越感」という語を見つけるのは容易であると思う。　(3)ここでは、買われた商品により差別化が完成するのだから、客層の多様化に触れたところが答えとなる。　(4)これも前問と同じ。「差別化」が「邪道」なのだから、「匿名性」「平等なとり扱い」がヒントとなる。　(5)

内容把握としては容易な問題。百貨店がなぜ「積極的」なのかは、それが商売となるからであり、「消費者」という語がポイントになる。(6)主題に関する問題。「ひろばの機能」を本文後半でまとめているが、その初めの部分に「百貨店は出入り自由でしかも空調つきの巨大な見世もの空間である。」とあり、ここから答えが導き出せる。

8 作家の青春 (18〜19ページ)

中村光夫(なかむらみつお)…一九一一(明治四四)年〜一九八八(昭和六三)年。東京都出身。二葉亭四迷の評伝を大成する。また、作家の論考に独自の分析を行い注目を集めた。評論には『風俗小説論』『二葉亭四迷伝』など多数あり、また戯曲・小説などの作品もある。

出典…『作家の青春』(創文社)(夏目漱石《文明批評》の一節。日本大学経済学部の入試問題として出題されたものの一部を改訂したもの。

解答

漢字 a わきま(えて) b みもん c 1・5 d あいま(って)

(1) A **エ** B **イ** C **ウ**

(2) **エ** (3) **エ**

(4) **ウ**

(5) とうとうたる大河

解説

(1)空欄補充の問題の原則は、空欄の前後の表現を的確に捉えることと、それに即した適語を考えることである。Aでは「文化のあらゆる面を支配した」から**エ**の「風靡」(風が吹いて草木をなびかせるように、みんなを従わせること)が入るとわかる。Bは「社会生活の更新」と「表裏をなす」語だから、対句語に**イ**の「精神の変革」が答えとなる。Cも前後の力強い表現から、**ウ**の「焦燥」(いらいらすること・あせること)が読み取れるであろう。

(1)「既成」の意味(すでにできあがり、世間に通用している)がヒントになる。(2)「支配する」という表現の強さに注目できれば、消去法でも正解が得られる。(3)本文で何度も述べられている「文明開化の時代風潮」や、最後の段落から容易に判断できよう。(4)比喩表現がヒントとなる。第一段落の「明治文化という巨舟を苦もなく浮かべたとうとうたる大河に譬えられる。」というところから八字の箇所を抜き出せばよい。

章末問題 古典の影 (20〜23ページ)

西郷信綱(さいごうのぶつな)…一九一六(大正五)年〜二〇〇八(平成二〇)年。大分県出身。日本文学者。東京帝国大学国文科卒。専門は上代文学・古代文学。横浜市立大学教授、法政大学教授、ロンドン大学教授を歴任。『古事記』をはじめとする古代文学研究史に大きな足跡を残した。主な著書に、『古事記注釈』『日本古代文学史』など。

出典…『古典の影　学問の危機について』(平凡社)。伊藤仁斎、本居宣長らの古典を取り上げ、経験と認識をキーワードに、学問のあり方について考察する。釧路公立大学の入試問題として出題されたものの一部を改訂したものである。

解答

(1) a 偉大 b ろんだん c いんしゅう d いやおう e 逸脱

(2) **イ**

(3) 古典のヴェクトル

(4) **ウ**

(5) 駁雑の学

(6) Ⅰ一 Ⅱ一 Ⅲ一 Ⅳ万 Ⅴ一

(7) (例)下学によって基礎づけられたものから、上達へと超越させる過程を、経験と認識の問題として弁証法の観点から捉え直すこと。

(8) **ウ**

(9) (例)弁証法を用いて結論をあらかじめ想定した上で取り組むと、真理が外にあるものとして対象化され、結論へ至る過程が無意味なものであるように感じられるから。

(10) エ

解説

(2)「博学」は「一にして万にゆく(一つを学ぶことで、多くのことを知る)」、「多学」は「万にして又万(多くを学び多くを知る)」と述べられている。また、博学を「繁茂稠密」であると評価しているのに対し、「多学」は「布でつくった造花」、「死物にすぎず、成長するということがない」と否定的に捉えている。**エ**の「すべてを知ることができる博学」は、言いすぎ。博学は一つのことから普遍的なことにつなげていけるが、一つを学べばすべてを知られるわけではない。(3)傍線部に続く部分に注目する。筆者は、読み手が「志向性の影」を意識せず、「たんに事実的に読むなら」、仁斎のことばは「引用にも価しない」と指摘している。それに対して「ことばの背後」を読み取ろうとすれば、そこから読み取れるものは多くなる。この「ことばの背後」にあたる八字の言葉を探すと、文章の後半から「古典のヴェクトル」が見つかる。(4)続く一段落の内容を捉える。ここで筆者が訴えているのは、「現代の私たちの学問」が「決定的に故障」しているのではないかという疑念である。(5)多学の問題点にあたる部分である。多学は得る知識が多くても、雑多なものばかりで純粋ではないと述べている。(6)同じ内容を、21ページの下段で「『一』にしてついに『一』に終る……必要を一貫して説いている」と言い直している。(7)論語の言葉を「経験と認識の問題」として捉え直すというのは、基礎づけるもの(下学)と基礎づけられるもの(上達)に弁証法的な意味を付け加えるということである。(8)「学は……」で始まる仁斎の言葉に注目する。「学問は正しくし(ようとしてじっくり学び)、成果は成熟させる(ためにじっくり学ぶ)。珍奇なことも、近道も求めてはいけない。水が流れれば船は浮かび、花が散れば実はできる。自然とその(ちょうどよい)時はくるので、その自然となるのに任せて、自分から悟りを求めてはならない」というのが仁斎の教えである。時がくれば自然に悟るときはくると言っているので、ウは不適切。(9)傍線部に続く部分に注目。弁証法は注釈にあるとおり、経験や認識から物事の本質を導こうとするやり方であり、真理は本来、外にあるものではなく、こつこつ学問を続けることによって自然と見えてくるものである。しかし、その真理を「外にすでにあるものとして対象化」して、その学ぶ過程を「心的に空無化」することを、筆者は問題視しているのである。(10)冒頭で、仁斎は一にして万にゆく博学の重要性を訴えている。筆者はこれが「『一』の根源的定立」であると指摘し、真理が「歩くことにおいてなる」と指摘している。つまり、普遍的な真理(万)を見出すためには、「日常生きている次元での経験と実践を第一義として重んじ」る必要があると考えているのである。

第2章 思考力養成

9 感性の哲学 (24～25ページ)

桑子敏雄(くわことしお)…一九五一(昭和二六)年～。群馬県出身。哲学者・東京工業大学名誉教授。東京大学文学部哲学科卒業。社会基盤整備の実践にも参加している。著書に『風景のなかの環境哲学』など。

出典…『感性の哲学』(NHKブックス)第二章からの引用。

解答

漢字 a 湿(った) b 違(う) c 把握 d そうぼう e 融合

(1) **ア**

(2) (例)空間と自己のかかわりを発見する(こと。)(15字)

(3) **ア・オ・カ**(順不同) (4) **ウ**

(5) 体験とは、～られない。

解説

(1)「その履歴をもつ空間のなかに自分の存在を得ること」の「その履歴をもつ空間」の意味を正しくとらえることである。　(2)自己の履歴を発見することであり、それは「空間と自己のかかわりの発見」である。　(3)「原風景とは、自己変容の自覚とともに想起される身体空間の相貌である」に着目する。　(4)「自己の変容はそのときの風景とともにある」のだから、「風景」とはけっして切り離すことができないのである。　(5)本文のいちばん最後「この配置なくして経験は与えられない」に着目する。

10　文化を交叉させる　人類学者の眼　(26〜27ページ)

川田順造(かわたじゅんぞう)…一九三四(昭和九)年〜。東京都出身。人類学者。東京大学教養学部卒。アフリカを対象とする民俗学的調査に基づいた多くの著作がある。著作に『文化人類学とわたし』など。

出典…『文化を交叉させる　人類学者の眼』(青土社)からの引用。

解答

漢字　a 往年　b こうよう　c 居合(わせる)　d 対極　e 示唆

(1) (例)周囲をはばかることなく、身勝手に大声で歌うこと。

(2) **ウ**　(3) **ウ**

(4) (例)その場にいる人が等しく共有することのできるメッセージ(26字)

解説

(1)「高歌高唱」は、声高らかに歌うこと。ドイツ占領下でドイツ兵が周辺のフランス人に遠慮することなく歌う様子。　(2)「自分の身体器官を動かし、自分の息を吐いてうたうこと」と関連があるのは「身体的自己触発」である。　(3)「視覚的な文字を媒介としてはいる」に着目する。　(4)傍線部③までで述べられている内容から、「うた」にはどのような性質があるのかを読み取る。

11　「和魂洋才」の破産　(28〜29ページ)

山崎正和(やまざきまさかず)…一九三四(昭和九)年〜。京都府出身。劇作家・評論家。京都大学文学部卒・同大学院文学科博士課程中退。戯曲・評論など多数の著書がある。評論においては、『劇的なる日本人』『芸術現代論』『鷗外　闘う家長』など、文芸批評・文明批評・芸術論・劇論など多彩な活躍をしている。

出典…『山崎正和著作集9　このアメリカ』(中央公論新社)からとりあげた。明治以後西洋文明が入ってきた日本、日本人はどのように変化していったか、その様子が鋭い視点から述べられている。現代日本を考える好著である。

解答

漢字　a 晩年　b 虚弱　c 死守　d ざゆう　e こしゅ

(1) (例)流入した西洋文化の中で生活しながらも、伝統的日本文化の上で生活しているかのように振る舞っているということ。

(2) ② **オ**　③ **ウ**

(3) 自分に対する不誠実、嘘でなければ不徹底の一種のように考えられているらしい。(37字)

(4) **ア**　(5) **イ**

解説

(1)日本人は「西洋化」の中で「伝統的日本文化」を放棄せず、かといって完全な「西洋化」もしない中途半端な状況だったのである。従って答えとしては、西洋文化も日本文化もどちらも受け入れてどちらにも徹底できない様子をまとめればよい。　(2)**ア**は志賀直哉、**イ**は谷崎潤一郎、**エ**は尾崎紅葉、**カ**は谷崎潤一郎の作品である。**ウ**『あめりか物語』は作者の体験をもとにしたもので、詩情にあふれる文章で異国情緒が描かれている。**オ**『高瀬舟』は歴史の事実を今日の問題と関連して考察する「歴史小説」のひとつである。　(3)まず何について「奇妙な罪悪感」を持っているかというと、「芝居をする」ということについてである。具体的には「とにかく何者かを演じて生きるということ」である。では、そのとき人間はどのように考えるのか。その部分を条件にあうように抜き出す。(4)カッコの直後の「侵され」、「固守すれ」という言葉に着目し、何に「侵され」、何に「固守す」るかを考えれば、自然と答えは出てくる。つまり、洋才に徹することにより洋魂に侵され、和魂を固守すれば洋才もうわつらのことに終わるのである。(5)**ア**は「歴史も浅く固有のものがない」が不可。**ウ**は「西洋と日本の間の緊張に疲れている」が言い過ぎ。つまり、「伝統的日本文化」のもと「西洋化」も中途半端な現実の日本の象徴が「飲み屋の屋台」ということで答えは**イ**。

12 歴史のなかのからだ

(30～31ページ)

樺山紘一(かばやまこういち)…一九四一(昭和一六)年～。東京都出身。歴史学者・東京大学名誉教授。東京大学文学部卒。専門はフランス中世史、西洋中世史、西洋文化史。

出典…『歴史のなかのからだ』(筑摩書房)の中の「目と耳」の一節。中央大学法学部の入試問題として出題されたものの一部を改訂したものである。

解答

漢字 a 喪失 b せきがん c はんよう d 素朴(樸) e 模(摸)索

(1) **エ** (2) **ウ**

(3) B眼 C目 D眼 E目 F目 G眼 H眼

(4) 2

(5) 目…(例)存在の核心を見通す働き。(12字) 眼…(例)単なる視覚器官としての働き。(14字)

解説

(1)空欄補充の問題。この空欄の後ろの文に、「さらにつづけて、列挙しよう。」とあり、「目次」「題目」などが挙げられている。それらは「区切り」「順序」「整理」と結び付くので、**エ**が正解となる。(2)前問と関連させて考えればよい。つまり、「区切り」「順序」「整理」と結び付くものは、**ウ**の「節目」(あることがらからの区切り)である。(3)文章の主旨に即して捉えると、「目」は見る側と見られる側とを区別せず、抽象概念として用いられる。それに対して、「眼」は見る主体としての視覚器官が強調されるときに用いられている。これに沿って空欄を埋めていけばよい。(4)[2]の一～三行あと「台風には～題目、項目。」に着目する。脱落文の「さまざまな器物にあてがわれているからだ」をおさえると、脱落文でこのように示しておいて、そこから後で具体的に挙げているという文章展開となっていることがわかる。したがって[2]が適切。(5)問三の分析より、「眼」を「単なる視覚器官」と捉えることができれば、「目」はそれより深い働きを持つことが推測できる。すなわち、「存在の核心を見通す」働きを持つのである。

13 Daisetz SUZUKI

(32～33ページ)

福岡伸一(ふくおかしんいち)…一九五九(昭和三四)年～。東京都出身。生物学者。京都大学農学部卒業、同大学院博士後期課程修了。京都大学助教授、青山学院大学教授などを歴任。小説、エッセイなども手がけるほか、新聞や雑誌への寄稿も多い。主な著書に、『生物と無生物のあいだ』『動的平衡』など。

出典…『トランス・ジャパン、シス・ジャパン Daisetz SUZUKI』(全日本空輸株式会社)。『トランス・ジャパン、シス・ジャパン』はANAの機内誌「翼の王国」で連載している著者のフォト・エッセイ。問題文は、これの第三回連載分からの出題で、仏教学者の鈴木大拙を取り上げている。法政大学の入試問題として出題されたものの一部を改訂した。

解答

漢字 a 抽出 b げんそう c あいまい d 遂(げて) e 徐々(徐徐)

(1) 金

(2) (例)客観的とされるものも、言葉を共有する者たちが恣意的に切り取ったものに過ぎないということ。

(3) (例)西洋においても豊かで曖昧な自然が失われたのと同じく、東洋においても全てのものが生命をもつ混沌とした世界が失われたということ。

(4) (例)言葉を知らない子どものような無垢さで、混沌とした世界をありのままにとらえようとするもの。

(5) (例)言葉はつくりものだと考える禅の思想を、それでも言葉で語ろうとすれば、禅問答や公案のように論理的かつ客観的ではない言い回しによって間接的に真実を言い当てる必要があるから。

解説

(1)「沈黙は金」ということわざを引用している。　(2)傍線部②直前の「つまり」に注目し、傍線部によって言い換えられた直前の一文に注目する。西洋社会では言葉で論理を組み立て、客観的に表現しようとするが、もともと言葉は恣意的で主観的な性質を持つものである。　(3)西洋と東洋で共通しているのは、言葉ができるまでは曖昧で混沌としたものであった世界が、言葉によって失われてしまったと考えていることである。　(4)「言葉以前の世界」「言葉を使ってものごとを計算し、言葉を使って自然を考える前の世界」とは、「論理」がなかったころの世界である。この、混沌とした曖昧で未分化の世界に、「子どものような心」が対応している。　(5)禅は、言葉のもつ力に懐疑的である。しかしそれでも、禅の思想を伝えるためにはその言葉を用いざるを得ない。よって、禅問答や公案では、「言葉以前の世界にもう一度立ち返ろう」としつつ、言葉を用いるのである。

14 私は生きる　(34〜35ページ)

平林(ひらばやし)たい子(こ)…一九〇五(明治三八)年〜一九七二(昭和四七)年。長野県出身。高等女学校を卒業後、朝鮮放浪や関東大震災、社会主義者としての検挙などを経て、プロレタリア作家として出発。戦後は転向文学の代表作家として文筆活動と右派活動をおこなう。没後、「平林たい子文学賞」が設けられた。

出典…一九四七年に板垣書店より刊行。自身の闘病生活を題材にした作品。『こういう女・診療室にて』(講談社文芸文庫)所収。

解答

漢字　a く(った)　b いきどお(り)　c 神経　d 伴奏　e 狭(い)

(1) **ア**

(2) (例)「私」の心臓の拍動が、明るい光の刺激によって過剰に速くなる様子。

(3) **ウ**

(4) (例)夫が書き物をしているのは趣味や娯楽ではなく生計を立てるためだということ。

(5) **エ**

(6) (例)「私」が自分の病気を治したくてさまざまな要求をしているのだと自身の主張を正当化するようなわずかな言葉が、夫に更なる努力を強いる結果になること。

解説

(1)暗くするためにふろしきで掩った「淡いあかり」が、完全には遮りきらずに天井や畳に漏れている様子を表す言葉である。　(2)「やたらに駆け出す野馬」は、自身では制御できず、暴れ回る心臓の様子を表現している。「私」は病気で光の刺激さえもつらい状態である。　(3)「まだしもましだった」ということ。要求が暗くするだけでは済まない場合もあった。　(4)「物好」は、ここでは好みや趣味のこと。一方、「これが飯の種なんだぞ」と夫が言っているように、書き物をすることは収入のためである。生計を立てるために書き物をしている夫は、その最中に外に出るよう妻から言われたことに、抗議をしている。　(5)「細い消え入るような声」であるのは、病気で苦しいためである。しかし、「(夫が)気の毒だという気持は起らないのか」という問いかけには、「起らない」と「しっかりと答えた」のは、それが正当な要求だと思っているからである。

(6)「足を掬う」は、相手の油断や隙をついて、失敗させることを意味する。「人は病気にかかったら直す権利がある」という「大義名分」は、ただ「一掬い」の言葉であるにも関わらず、夫の妻に対する抗議を失敗に終わらせ、夫がもっと病気の妻を気遣うように強要する力を持っていたということである。

15 令嬢アユ (36〜37ページ)

太宰治(だざいおさむ)…一九〇九(明治四二)年〜一九四八(昭和二三)年。青森県出身。弘前高等学校から東京帝国大学仏文科に入学するが、中退。佐藤春夫・井伏鱒二に師事し文学活動を始めた。昭和十年に、第一回芥川賞の候補にあがり、結果は次席であったが作家的地位を固めることができた。結婚直後からの安定した時期には『富嶽百景』『走れメロス』などの人間信頼の気持ちがうかがわれる作品もあるが、それ以前、そして戦後の作品には生への不安や現実への絶望が色濃く現れ、「新戯作派(無頼派)」と呼ばれた。代表作には『斜陽』『人間失格』などがある。

出典…『令嬢アユ』の一節。千葉大学文・法経学部の入試問題として出題されたものの一部を改訂したものである。

解答

漢字 a 悠然 b 無邪気 c つまず(いた) d ささや(き) e (もの)憂(げ)

(1) **ウ** (2) B **ウ** C **オ** D **ア** E **イ**

(3) A (例)初対面の令嬢の脚を思わず指さしてしまう B (例)とりつくろおう

(4) ①(例)釣りをしに来ているのに、釣れないのが当然だという言い方をした点。
②(例)彼の魚釣りは文人としての魂魄を練るためのもので、魚を釣り上げることなど考えていなかったから。

(5) ①新戯作(無頼) ② **ア・カ**

解説

(1)空欄Eの二行前「文人としての魂魄を練るために、釣りをはじめた」に着目する。 (2)空欄補充問題。Bは、令嬢の「素足」についての言葉。Cは「カンセイを挙げる」の「カンセイ」に入る語を間違えないこと。「歓声」は喜びの声で、「喚声」は驚いてあげる叫びである。D・Eはその直前の場面から心情をつかむこと。 (3)「ぶしつけ」は「不作法」を表すので、直前の「初対面の〜失礼であった」を引用する。また、傍線部の後の「いそいで歩いた」や「躓いた」から、取り乱している様子が分かる。従って、その場を「取りつくろう」あるいは「なんとかその場をやりすごそう」としていることになる。 (4)①は「令嬢」や、一般の人の立場から考える。普通なら「まあまあです」とか、「今日は調子が悪くて……。」というのと比べよう。②は、本文中の「釣りの妙趣は……」の文と「もともと佐野君は……」の文から分かるはず。 (5)①は文学史の重要事項である。また、②の**ア**『津軽』は作者の故郷を旅したときの思いをまとめた精神的に安定していた頃の作品である。

16 色と糸と織と (38〜39ページ)

志村ふくみ(しむら)…一九二四(大正一三)年〜。滋賀県出身。一九四二年文化学院を卒業し、五五年より織物、植物染料の研究を始める。五七年伝統工芸に初出品し入選。五九年に日本工芸会正会員になる。八三年には京都府文化功労賞を受けると共に、『一色一生』で大佛次郎(おさらぎじろう)賞を受賞。

出典…一九八二年に求竜堂より単行本で刊行。後に、一九八七年五月文芸春秋社より文庫本となる。題は『一色一生』。自然界の恵みの色に惹かれ、望みの色を生み出すための苦労を重ねてきた筆者の生き方や人との出会いを語ったエッセイ集。

解答

漢字 a 熟成 b 淡(い) c ばいせん d あく e ふもと

(1) **イ** (2) B **ウ** C **ア** D **イ** E **エ**

(3) (例)枝の中に残された色を、自分の糸の中に染め出したいということ。

(4) **イ**

(5) 梅は梅の母胎にかえり、蕾はひらいたか(と思われました。)

(6) (例)時期が悪く、木の中には花を咲かせる準備がされていなかったから。

(7) (例)桜の花の美しい色を、染色という作業で着物の中に映し出すこと。

解説

(1)梅で染色した糸や生地を身につけたいとの思いで「抱きたい」といっているのである。　(2)空欄の前後にある文のつなぎと後文の文末に注意する。(例)「ような珊瑚色でした。」→「まるで」。　(3)全体が染色を話題としているので、その具体例として説明する。　(4)比喩を説明する問題。直後にこのときの糸の様子が表現してあるので、それを利用する。　(5)植物の「命」をうまく受け止めて「色」を染めることができた喜びを示す。　(6)三月と九月という時期の違いで、「命」(花のもとになるもの)が備わるか否かが決まる事に気づけば容易。　(7)問三に同じ。梅の花の例と同じで、染色がポイント。

章末問題　意味という病　(40〜43ページ)

柄谷行人(からたにこうじん)…一九四一(昭和一六)年〜。兵庫県出身。思想家。国家や資本などに関する多くの著作を発表している。近年は、環境問題や原発問題に関する見解も発表している。

出典…『意味という病』(講談社文芸文庫)からの引用。

解答

(1) a もうそう　b 中傷　c 閉(ざす)　d 奇怪　e 表象

(2) そのように

(3) **エ**　(4) **ウ**　(5) **ウ**

(6) (例)現実の社会そのものが、きわめて苛酷でリアルな夢の世界、あるいは狂気、未開の世界に近づいてしまったから。(51字)

(7) **エ**　(8) **ア**　(9) **エ**

解説

(2)文章全体を通して、筆者は、一般にわれわれが夢と呼んでいるものを「自由奔放」なものだと定義づけていることを読み取る。これと対になるものとして「夢の世界」について論じているのが傍線部①であるということをおさえた上で、同じ比較構造をもって狂気について論じている部分を探す。すると、次の段落のいちばん最後の一文「そのように〜いうべきである」が見つかる。　(3)「現実の声」に対して、「われわれはそれに対してさまざまな対応が可能である」るのは、「現実の声」が「われわれの外側にある」からである。　(4)未開の「世界」についても、狂気の「世界」と「同様のことがいえるだろう」と筆者は考えている。だから、狂気の「世界」がどういう「世界」なのかを読み取ればよい。　(5)人類学者が未開の「世界」に生きるとしたら、その場合は、未開の「世界」にすっかり入り込むことになる。そうなると、人類学者として外側から未開の「世界」を観察することはできないのである。　(6)「現実の世界の方がそのとき『夢の世界』に近づいてしまったから」とある。そうなってしまったので、夢の世界や偶然性を重視したシュールレアリスム運動は意味がなくなってしまったのだ。　(7)空欄Bの二つ前の段落のいちばん最後の一文「カイザーは〜みようとしている」をおさえる。　(8)傍線部⑤の直前「『道草』のように〜亀裂からきている」に着目する。　(9)最終段落の最後「要するに〜問題なのである」で、筆者の主張がまとめられている。

17 坐の文明論 （44〜45ページ）

矢田部英正（やたべひでまさ）…一九六七（昭和四十二）年〜。筑波大学大学院体育研究科修了。「日本身体文化研究所」を主宰し、日本人の立居振る舞いについて研究している。また、姿勢研究の一環として、椅子のデザイン・製作も手がけている。主な著書に、『美しい日本の身体』『からだのメソッド〜立居振舞の技術』など。

出典…『坐の文明論』（晶文社／ちくま文庫）。日本人の「坐」の技法について、世界の座の形態との比較や、床坐民族と椅子坐民族との身体感覚の違いについての分析など、さまざまな面から考察し、〈人とすわること〉について論じている。中央大学の入試問題として出題されたものの一部を改訂したものである。

解答

漢字 a 形態　b 就寝　c ひんぱん　d そじ　e 吟味

(1) ①**イ**

②（例）日本において「靴を脱ぐ」という習慣が「床に坐る」ことと密接に関連し、鼻緒につま先をつっかける履物のスタイルが必然的に定型化したというように、日々くり返される日常動作が一定のスタイルを生み出すもの。

(2) **エ**

(3) （例）身体が自然本来の秩序を取り戻そうとするとき、「道理」を「具える」道具に導かれて、身体は内部に存在する「法」を自覚する。

解説

(1) ①は、これより前の部分に注目する。「身体文化」とは、「日々くり返されるなかで一定のスタイルがつくられ」るものであり、このくり返しによって「人の感覚や思考の動きが集約され」るとある。②は、「靴を脱ぐ」ことについての具体例をまとめる。〈床に座ること〉〈履き物を脱ぐこと〉〈脱着しやすい履物を用いること〉が、一連の文化様式としてまとまっている。このように、身体文化とは日常生活をくり返す中でおのずと生まれてくるものである。

(2) 本文中の履物の例と同じく、「立居振る舞い」がもとになって「物質文化」と結びついている例として適切なものを選ぶ。「中腰で田植えをする」ことが「腰で締める着物を生みだした」とする**エ**が正解。**ア**は「立居振舞い」ではないので不適切。**イ**も、「箸」という物質文化が先に来ているので不適切である。また、**ウ**は「物質文化」に当たる内容がない。　(3) 両者は「自然の理法にしたがう」という共通の秩序で結ばれていることが指摘されている。また、いずれにも「自然性」が内在しており、これを見きわめることによって『法』の自覚へと導かれる」とある。

18 一茶 （46〜47ページ）

藤沢周平（ふじさわしゅうへい）…一九二七（昭和二）年〜一九九七（平成九）年。鶴岡市出身。山形師範学校卒業。一九七三年『暗殺の年輪』で第六十九回直木賞を受賞した。おもな作品として『一茶』の他に、『回天の門』『闇の傀儡師』『隠し剣孤影抄』などの時代物の作家として有名。

出典…一九七八年に文芸春秋社より単行本で刊行。後に、八一年十二月文芸春秋社より文庫本となる。一茶の人物像を「善良な眼を持った、小動物にも目を向ける優しい」人物という見方ではなく、「貧しさに追われ」「時には欲望をむきだしにせざるを得なかった」人物という俗的な見方とその中にある詩人の心を巧みに描いている。

解答

漢字 a 指摘　b ののし（り）　c あざけ（る）　d 巧拙　e 徒労

(1) **ア**

(2) （例）言いたいことを口に出すこと。（14字）

(3) 江戸の隅に〜さなのぞみ
(4) ウ　(5) 自嘲
(6) エ　(7) イ・ウ

解説

(1)登場人物「成美」と「一茶」が、「旦那」と「百姓」という両極端の存在で、経済的に「裕福」な「成美」が、「貧」の「一茶」を批判する構図を持っている。それが分かれば、一茶が信濃の百姓の家に生まれたという知識が無くとも、第三段落の内容から推測できる。　(2)第三段落の「長い間、言いたいこともじっと胸にしまい……」の部分を「辛抱」しなくていいだろうと言い換えればよい。　(3)直前の「のぞみ」について、第三段落に具体的な表現がある。(4)自分が「貧乏」にとりつかれていることを詠んだ句である。普通の人が比べるのでなく「乞食」が比べると詠めば、「乞食よりもひどい姿」の自分を皮肉った句となるのである。　(5)前に示されているように、自分をあざ笑う俳句をつくっていることから考える。　(6)自分で自分の人生を笑い飛ばしてみても、依然として、生活の苦しさは変わることがない。その暗い予感が示す思いは何か。　(7)**ア**・**エ**は故郷に自分の家を得て、生活が落ち着いたときの句である。また、**イ**は自分の年齢的衰えを嘲り、**ウ**は隣人にまるで骸骨だといやみを言っている句である。

19 哲学の現在　(48〜49ページ)

中村雄二郎（なかむらゆうじろう）…一九二五(大正一四)〜二〇一七(平成二九)年。東京都出身。哲学者。東京大学文学部卒業。日本を代表する哲学者であり、明治大学法学部で教授として長く勤める。哲学の入門書の執筆も多い。主な著書に『かたちのオディッセイ』『悪の哲学ノート』など。

出典…『哲学の現在　生きること考えること』(岩波書店)。哲学書に多い引用を極力排し、具体例を多用してわかりやすく哲学を説明しており、哲学的素養がなくても理解しやすい著書となっている。

解答

漢字　a 他律　b 順応　c 並列　d まぬか(れる)　e 刻印

(1) (例)身体をそなえた主体として、現実の抵抗で自分自身を鍛え、それを現実へ接近するよすがとして、能動的に振る舞うこと。

(2) (例)能動性は現実生活で持ち続けることが難しい上に、身体と結びつかなければ具体性をもつことが難しいから。

(3) **イ**

(4) (例)矛盾に満ちた現実のなかで能動性や主体性を持ち続けることは非常に困難であるが、それでも能動性を持ち続けようとすれば、逆にその困難さによって自身を鍛えることができるから。

解説

(1)「自分で」「自分の軀で」「抵抗物をうけとめながら」という三つの要素に分けて説明する。続く部分と、次の段落で、同じ内容が言葉を換えながら説明されている。解答に際しては、文として不自然にならないよう語順を整える。

(2)「ことの在り様」とは、〈生の具体性のなかで能動性を持ち続ける〉ということを指す。これが難しい理由は、直後の「というのは」に続く部分で説明されている。「具体性」「能動性」という言葉を用いて説明する。　(3)この段落の前半の内容に注目する。「身体をそなえた主体」である私たちは、受動性から免れるどころか、かえって情念的・受苦的な存在になる。そのため、能動的・主体的に生きることが難しいのである。　(4)「試煉」が何をもたらすかを捉える。身体をもちつつ能動的に生きようとすれば現実の矛盾のなかであちらこちらに突きあたるという逆境にあって、傷ついてしまうことも多い。しかし、こうした苦しみの中にあっても能動性や主体性を失わないようにしようとし、多くの困難を乗りこえることによって、この能動性や主体性が鍛えられるということである。

20 深い河 (50〜51ページ)

遠藤周作…一九二三(大正一二)年〜一九九六(平成八)年。幼少時に満州の大連に移ったが、両親の離婚後、母と神戸に住んだ。12歳でカトリックの洗礼を受けている。南仏リヨンに留学経験を持つ。『白い人』『海と毒薬』『沈黙』『死海のほとり』など、日本の文化風土における神の愛を扱う多くの作品を書いている。

出典…『深い河』(講談社)の一節。

解答

漢字と読み

a ひざまず(いて)　b 軽蔑　c 難詰　d はんばく　e つぶや(いた)

(1) **イ**

(2) ①(例)世界にある数多くの宗教は、最終的に到達する目的は同じものであって、キリスト教を信じる必然性がないと大津のように考えるのであれば

②(例)ヨーロッパのキリスト教の教会に所属する学校でキリスト教を学ぶこと。

(3) (例)安らぎと落ちつきを取り戻すことのできる、イエスと相対して語り合う時間に、できるだけ長く身をおきたいという気持ち(から)。

(4) ジャック・モンジュ→神　大津→イエス・あの方・あの人

解説

(1)選択肢を検討する。**エ**の「若輩者」は、本文中で大津の年齢や経験を問題にしていないことから違う。また**ア**「異端者」であるという認識は全く大津の中にはない。**ウ**「外国人」であるというのは、ここでは負の要素としては機能していないので正しくない。ここは夢の中では逆らうことができても現実には何もできない点を考慮すると**イ**が正しい。　(2)①は、大津の考えを受けているのは明らか。すぐ前に大津の考えを代弁する「好きな言葉」が述べられているので、この部分を簡潔にまとめる。②は、すぐ後の先輩の言葉がかぎとなるので、その内容をまとめる。　(3)ミサの間だけが大津にとっての「安らぎ」の時間なので、最後の祈りを呟いてもすぐに立ち上がって次の行動に移らないと考えられる。　(4)大津の考えはマハートマ・ガンジーの語録集に述べられている。つまり他の宗教の存在を認め、それぞれの宗教は同一の神からスタートしているというのである。ガンジーの語録集の「神」はジャック・モンジュの言う「神」とは別の意味を持つことに注意する。大津自身はジャック・モンジュとの対話の中で一度も「神」という言葉を用いていない。

21 時間についての十二章 (52〜53ページ)

内山節…一九五〇(昭和二五)年〜。東京都出身。哲学者・立教大学大学院教授。存在論・労働論・自然哲学などに独自の思想を展開。

出典…『時間についての十二章』(岩波書店)の「第一章　川の時間　三」の一節。福島大学の入試問題として出題されたものの一部を改訂したものである。

解答

漢字

a 蛇行　b かせんしき(かせんじき)　c ただよ(う)　d 合間　e 内包

(1) 川の流れの〜していた。

(2) (例)直線的でなく、ゆらぎゆく時間が成立していること。/村人の営みとの関係のなかにつくられていたこと。

(3) 農繁期

(4) (例)人間を外から管理する、客観的な基準ではなく、一日の生活の中で人間が感じる時間の流れと一体になったものだということ。

(5) (例)川は、村人の生活と一体となるゆらぎゆく時間を成立させるものであるのに対して、水路は、生活との結びつきを失い、均一で直線的に流れる時間に支配されるものである。(78字)

解説

(1)指示語には予告の指示語といって、この問題のように指すものが後ろにあるものがある。それがわかれば、この問いはやさしい部類であろう。
(2)傍線部のすぐ後ろの部分で、「都市の時間」と対比して示されているところから正解が見つかるであろう。　(3)語意の問題。農民にとって忙しい時期だから、「農繁期」が答えとなる。参考までに、反対語は「農閑期」である。
(4)まず比喩表現であることを理解すること。次にこの比喩は「一日の生活の時間と一致している」とわかれば正解が得られる。
(5)「川」と「水路」との対比を、「時間の観点」からという条件に注意。「川」については、問二・四と関連させてまとめればよい。「水路」は、武蔵野に新しく移住してきた市民たちの「川」に対する感じ方をまとめた箇所から導き出せる。キーワードは「生活」と気付いてほしい。八十字という制限があるが、まずは少々字数をオーバーするぐらいに書いて、あとで余分なところを削除するという方法でまとめていくこと。

22 視覚の生命力 (54〜55ページ)

柏木博(かしわぎひろし)…一九四六(昭和二一)年〜。兵庫県出身。デザイン評論家。武蔵野美術大学卒業。編集者を経て、東京造形大学助教授、武蔵野美術大学教授を歴任。現在、武蔵野美術大学名誉教授。文化庁メディア芸術祭の審査委員も務める。主な著書に、『デザインの二〇世紀』『デザインの教科書』など。

出典…『視覚の生命力――イメージの復権』(岩波書店)。写真や現代美術、グラフィックデザイン、マンガなど、視覚に関わるものを題材として、視覚の持つ力＝知覚の生命力を論じた評論集。早稲田大学の入試問題として出題されたものの一部を改訂した。

解答

漢字　a 促進　b ぼうだい　c 放棄　d ほうかい　e 還元

(1) **イ**　(2) **ア**

(3) (例)克明かつ正確に現実のみを写し取ることによって、自己像に主観的な想像が入る余地がなくなるということ。

(4) ①(例)コンピュータが脳に代わって情報の記憶を行い、脳がしているように記憶を検索・確認すること。
②(例)デジタル写真において、コンピュータに画像の記憶を任せることによって、撮影者が撮影した図像の記憶を捨ててしまい、シュートした身体記憶さえ曖昧なものになってしまう。

(5) (例)光学的な現象として、物質性のないものに置き換えられたもの。(29字)

解説

(1)筆者は、従来の写真装置からデジタル写真装置への移行について、「写真装置の持っていたさまざまな意味は……引き継がれている」といった単純なものではなく、物質性がなくなったことによって記録の本質が変化したことを指摘している。　(2)「繰り返すが」以降で、デジタル写真装置の記憶が「デジタルなデータ」であることが指摘されている。次段落で述べた「いわば純粋な記憶装置」とも対応している。　(3)「イマジネールな自己像」は、自身が思い描いている自己像である。しかし、写真装置は客観的に自己を保存するという意味で、自身の主観的な視点が入る余地はないのである。　(4)①は、コンピュータと脳との共通した役割を押さえる。情報の保存と、検索・確認である。②の「他の客体」とはコンピュータのこと。一方、「主体」は撮影する自身のことである。　(5)従来の写真装置が印画紙に光をあてることで得られるものであるのに対して、デジタルな写真装置のモニタに現れる画像は、「光の束」の信号に置き換えられた物質性を持たないものという違いがある。

23 焔(ほのお)の中 (56〜57ページ)

吉行淳之介(よしゆきじゅんのすけ)…一九二四(大正十三)年〜一九九四(平成六)年。岡山県出身。一九四三年、学徒動員直後に喘息の発作で帰郷。四七年、雑誌社に記者として入社。そして五四年、『驟雨』で芥川賞を受賞した。五一年から肺の病気が悪化し、五四年には一時重体に陥ったが、その後小説活動を続け、その他の文学賞も受賞している。作風は思想性よりも感覚的なものを重視し、細部の描写の積み重ねによって人間の本質を描き出そうとしている。その他の主な作品に、『砂の上の植物群』や『暗室』などがある。

出典…『焔の中』（中央公論新社）の一節。岡山大学（前期）の入試問題として出題されたものの一部を改訂したものである。

解答

漢字　a あんど　b 唇　c 甚(だ)　d こうお　e 縫(いつけ)

(1) A **エ**　B **ア**

(2) (例)班長に気に入られて有利な条件をつかむためには何でもする、卑屈で打算的な気持ち。(39字)

(3) (例)班長などの上官に対し、機嫌を取るまねをせず、反感を持たれる。(別解)自尊心を持ち続け、言葉遣いが新兵らしくないといじめられる。

(4) **ア**

(5) (例)質問にうまく答えてみせるぞという自負心を持ち、自分の力を誇示しようとする心理。

解説

(1)「隊長」への「安堵」の思いと、「伍長」への対照的な思い(「隊長にくらべて」とか、「班長にいじめられて」からわかる)とを対にして考えればよい。(2)その「兵隊」とは逆の存在が「僕」であり、「自尊心が」残っているためにそれができない。従って、自尊心よりも、打算的に、現実の利益をつかもうとする行動ととらえればよい。結局は班長のご機嫌取りの行動である。(3)班長にいじめられるだろうと予想し、それにも関わらず、班長の機嫌をうかがわない「僕」が陥ると予想される悪い「事柄」を例として挙げればよい。(4)その男の体が「ちょっとしなをつくっているように見えた」ことと、「にわかに骨が軟らかくなったよう」であったこと、そしてその「男」が、班長の機嫌をうかがいそうな男にみえたことがポイント。(5)実際には、隊長には別の姿勢をとるのと対照的。自尊心が強く示されていることと、傍線部の前の段落に、学生出身の兵隊の一人であると書いてあったのがヒントとなる。問四の内容（隊長には卑下する姿勢）の逆である。

24 悟浄歎異—沙門悟浄の手記 (58〜59ページ)

中島敦…一九〇九(明治四二)年〜一九四二年(昭和一七)年。東京都出身。漢学者、中国学者の一家に育った。東京帝国大学国文科卒業後、一九四二年に『光と風と夢』を発表して、作家としての地位を確立したが、その年12月病没。戦時下の短い文学活動だったが芸術性の高い、独創性のある作品を書いた。『山月記』『弟子』『李陵』など。

出典…『悟浄歎異—沙門悟浄の手記』の一節。悟浄から見た三蔵法師の人物像が、内省的に描写される。

解答

漢字　a 鈍物　b すこぶ(る)　c かくど　d 憂愁　e 機嫌

(1) (例)生き物という大きなものの中における人間としての弱さを十分に認識しながら、正しく美しいものを勇敢に求めていこうとする姿勢。

(2) (例)生き物の哀れさを悟っても、正しく美しい生活を真面目に続けられるという師父の強さ。

(3) ⓑ→ⓕ→ⓐ→ⓓ→ⓒ→ⓔ

(4) 実行的な天才(6字)

(5) (例)病身である上、自己防衛の能力もないのに、妖怪どもの迫害を受けている日々を自分の生として肯定していること。

(6) **イ・エ**

解説

(1)数行後ろのところで「其の悲劇性」という繰り返しがある。この「其」が指示するのが直前の「哀れさと貴さ」のこと。それは「自分」つまり三蔵法師の位置についてであるが、広く人間、さらには生き物全般にとっての「哀れさと貴さ」のことである。こういった言葉を用いて「悲劇的なもの」を説明すればよい。　(2)「この貴い強さ」と言っているので、指示語の内容を確認する。生き物の悲劇性を悟った時に妖怪にはまねのできない三蔵法師の強さは何か。「正しく美しい生活を真面目に続けて行くこと」という文中の語句を活用してまとめる。　(3)各文にある接続の働きを持つ言葉に注目して文意が通るように並べる。ⓕの「それ」の指示する内容はⓑ中の「外面的な困難」のことだからⓑ―ⓕ。またⓐは「いや」と前文を受けている点「其の時」と言っている点から考えてⓑ―ⓕ―ⓐと決まる。その後ⓒ―ⓔが続くこともわかるだろう。ⓓの内容はⓐの文中の「平生から構へ」ていることなので、ⓐの次にくると判断できる。　(4)問題文は三蔵法師についての分析であって、悟空について述べているのはわずかである。語り手が悟空のことをどのように認識しているのか、そのわずかな部分から捜し出す。　(5)指示語の問題。師父が悟空よりすぐれている点は、すぐ前の部分で述べられている。字数制限はないので簡潔にまとめる。　(6)少しずつ比較、分析しながら丁寧に三蔵法師について語っていることは、全体から感じとれる。イの「内省的」とは、自分の思想や言動などを深く省みる姿勢をいう。

章末問題　幻想の未来　(60〜63ページ)

岸田秀（きしだしゅう）…一九三三(昭和八)年〜。香川県出身。心理学者、随筆家。早稲田大学第一文学部心理学科卒業。評論や随筆の他、心理学関係の著書の翻訳も多く手がけている。一九七七年に刊行した『ものぐさ精神分析』はベストセラーとなった。主な著書に、『心はなぜ苦しむのか』『生きる幻想　死ぬ幻想』など。

出典…『幻想の未来　唯物論序説』(講談社学術文庫)。人間は本能が壊れた動物であって「自我」とはその代用品としての幻想だと断じ、人間にとってその幻である自我が持つ意味を考察する。筆者の提唱する「唯幻論」を体系的にまとめたもの。成城大学の入試問題として出題されたものの一部を改訂したものである。

解答

(1) a 翻訳　b 排除　c 抑圧　d しょうもん　e おびや

(2) (例)恐怖が単なる対象への恐れの感情であるのに対し、恐怖症はある対象への恐怖と、その恐怖を否定する感情との葛藤によって生じるという違い。

(3) 不合理

(4) (例)近代日本人は恥ずかしがりで、恥をかくことを非常に恐れるが、近代になりこうした対人恐怖を不合理なものと捉えるようになったから。

(5) (例)日本人が、相手の目を見つめることは大変失礼であると考えること。
(例)浮世絵に描かれている伝統的美人の目が細いように、視線恐怖を刺激しないことが美人の不可欠な条件であったこと。(順不同)

(6) (例)欧米人は満座の前で恥をかかされることを日本人のように恐れないため、たとえ恥をかかされても平気で借金を踏み倒すだろうから。

(7) Ⅰつくりものの幻想　Ⅱ他の人たちの思惑　Ⅲ神

(8) 対神恐怖　(9) ウ

解説

(2)筆者は傍線部に続く部分で、「恐怖」と「恐怖症」の違いについて、具体例を挙げながら説明している。「恐怖」は「ある対象を恐れているだけ」で「何らかの行動をたいして迷うことなく取れる」のに対し、「恐怖症」はその恐怖が自我にとって異物であり、恐怖と恐怖の否定との葛藤が生じるという違いがあると述べられている。　(3)空欄Aの四行前の「たとえば」以降で挙げられている「先祖恐怖症」についての具体例を、それまでに述べた一般論と対比して読み取る。「はた眼にはどれほど不合理な恐怖と見えようとも、当人が……見ていないならば、恐怖症は成立しない」と対応している。　(4)近代の日本人が欧米人と比べても近代以前の日本人と比べても対人恐怖が強いことについて、筆者はその違いの理由を「二つの面から考え」ている。　(5)直前の「こういうことを考えると」に注目する。日本人が視線恐怖であったとする根拠として、前の部分で読者が納得しやすい事例を挙げて説明している。　(6)日本人にとって「満座の中で恥をかかされ」ることがペナルティとして成立するのは、日本人が恥をかくことを非常に恐れるからである。〈恥〉の文化をもたない欧米人にとって、これはペナルティとなり得ないため、証文にそれが書いてあっても平気で貸金を踏み倒されることになる。　(7)筆者は「自我」が「つくりものの幻想」に過ぎず、本質的に不安定な者であると指摘している。日本人にとって、その自我を支えるのが「他の人たちの思惑」であるのに対し、欧米人の自我は他の人たちの支えを必要としない。代わりに、彼らが恐れるのは「神」である。　(8)「対人恐怖」との対比で用いられていることに注意する。欧米人にとって「人」にあたるものは「神」である。　(9)周囲の人の目を極端に気にする日本人の性質をあらわす具体例を選ぶ。マスクによって他者から顔を隠すことに安堵を覚えるという**ウ**が正解。**ア**は「神々と人間とを分けて考える」が本文の趣旨から外れる。**エ**は、むしろそういった幼い頃からの刷り込みが、日本人の対人恐怖を育んでいると考えられる。